KB057696

Θάνατος

타나토스 총서

05

티베트의 죽음 이해

Θάνατος

타나토스 총서

05

천장은 티베트에서 죽음의 예술이 될 수 있다. 그 이유는 죽음을 자신의 가장 깊숙한 내면에서 만날 수 있게 해주기 때문이다. 무엇보다도 삶을 포기하고 싶은 원시적 환경 속에서도 삶에 대한 포기가 아닌 생명에 대한 성숙한 태도를 지니도록 인간의 정신세계를 고양시켜 준다는 점이 위대하다.

티베트의 죽음 이해

하늘의 장례

심혁주 지음

도서 출판 모시는사람들

※ 이 저서는 2012년 정부(교육부)의 재원으로 한국연구재단의 지원을 받아 수행된 연구
임(NRF-2012S1A6A3A01033504).

머리말

 대지진이 예고된 나라에서는 지진의 강도가 높지 않아도 사망자가 발생한다고 합니다. 약간의 진동만 느껴도 건물이 붕괴될까 봐 사람들이 불안을 느끼고 미리 뛰어내리기 때문이랍니다. 지진의 강도가 높지 않아서 사망자가 많지 않으리라는 저의 예상은 빗나갑니다.

 티베트인들이 받아들이는 죽음과 그들의 장례문화를 연구하면서 떠오르는 생각이 있었습니다. 예를 들면 미리 알 수도 어떻게 변화하는지도 예측할 수도 없는 인생에서 우리가 예측하고 준비하는 것들이 무슨 의미가 있는 것일까? 하는 것입니다. 사실 인간의 인생이라는 건 과학과 수학보다 훨씬 복잡합니다. 그래서 티베트인들이 이해하는 죽음과 그 죽음을 떠받치고 있는 정신적 사유와 의례 등을 살펴보는 것이 아무 의미 없다는 생각도 해보았습니다.

 하지만 티베트라는 하늘위의 공간에서 벌어지는 인간들의 선함(善)과 불선(不善) 그리고 그 삶에 대한 반성과 기도, 구체적으로는 그들이 추구하는 죽음에 대한 이해와 받아들임은 예고되는 대지진의 그것과는 다른 무엇이 있음을 느끼게 되었습니다. 그래서 그 다름이 무엇인지 그 다름은 우리에게 어떤 메시지를 줄 수 있는지 본문에서 이야기하고자 하였습니다.

 본문의 내용은 네 곳의 티베트 천장터, 예를 들면 ① 중국 티베트자치구(西藏自治區)의 직공체(直貢替)사원, ② 중국 사천성 아바티베트자치주(阿壩藏族自治州)의 랑목(朗木寺)사원, ③ 중국 청해성 옥수티베트자치주 (玉樹藏族自治州)

의 니종(尼宗)사원, ④ 중국 운남성 디칭티베트자치주(迪慶藏族自治州)의 송찬림(松赞林)사원들과 일곱 군데의 티베트불교사원, ① 철방(哲蚌)사원, ② 감단(甘丹)사원, ③ 색랍(色拉)사원, ④ 니종(尼宗)사원, ⑤ 랑목(朗木)사원, ⑥ 죽림(竹林)사원, ⑦ 타시룬포(札什倫布)사원 등을 직접 방문하고 그곳에 현존하고 있는 세분의 천장사, ① 직공(直貢)사원 소속: **랑마(58세, 남), ② 랑목(朗木)사원 소속: **푼촉(46세, 남), ③ 오명불학원(五明佛學院)소속: **충매(52세, 남)등과 동행한 이야기를 근거로 하고 있습니다.

이 불교사원들과 그곳에 존재하는 수행승들의 도움이 있었기에 글의 근거를 확보할 수 있었습니다. 천장사들 중에서 첫 번째 천장사(**랑마)는 특히 불교적 수행과 인성이 훌륭하여 따르는 신도들과 제자들도 많은 편입니다. 그가 얼마 전 저에게 믿지 못할 사실을 전해주었습니다. 서신의 전문을 모두 공개하지 못하고 중요한 사실만을 소개하자면 다음과 같은 내용입니다.

"아실 겁니다. 나의 제자라고 소개해주었던 쌍왕**. 일전에 당신이 여기 왔을 때 천장을 도와주는 나의 제자라고 소개해주었던 그 어린아이 말입니다. 그가 얼마 전에 죽었답니다. 그것도 길거리에서 중국 공안의 총에 맞아서."

믿어지지 않았습니다. 하지만 티베트 승려(라마승)들의 분신을 주도하고 있다는 죄명으로 쫓기다 중국 공안에게 그렇게 되었다고 합니다. 정말로 안타까운 사건이었습니다. 너무도 놀라서 슬픔도 고통도 느끼지 못한 채 회신도 하지 못했습니다.

죽음과 슬픔을 이야기 할 수 있다는 것은 그것을 극복했다는 것일까요? 가까운 사람의 죽음일수록 실감하는 데 시간이 걸리는 것 같습니다. '죽었다.'는 현실적인 정보는 사실로는 아는데, 가슴 속 아픔으로 오고 그 통증이 사라지는데 시간이 걸리기 때문입니다. 저와 제자의 죽음을 전해들은 천장 사는 한동안 그랬습니다. 자신의 아들과도 같던 제자가 어느 날 죽음을 당하자 티베트에서 최고의 죽음의 전문가라 자처하던 천장사조차 그 죽음을 어떻게 받아들이고 어떤 방식으로 영혼을 달래야 할지 애통해하는 모습을 보면서 인간의 죽음이라는 것이 남겨진 자들에게는 몸의 소멸이라는 간단한 수학공식처럼 풀어지지 않는다는 것을 절감하기도 했습니다.

생각해보면 쾌감과 성취감이라는 것도 개인의 욕망과 시기심에서 발단하는 거 같습니다. 글을 써서 책으로 세상에 내놓는 것도 하나의 쾌감과 성취감을 선물 받는 것이라면 이 책을 고민하고 쓰는 시간동안 저는 개인적 욕심과 기대감이 있었습니다. 그러나 그것이 크면 클수록 내용은 볼품없어지고 나 자신을 드러내는 하나의 도구로 전락할 수 있음을 깨달았습니다. 아마도 옆에서 질책해주고 지적해주는 사람들이 없었다면 '그나마 이정도'라고 하지도 못했을 겁니다.

이 한 바닥을 빌려 그들에게 고마움을 전하고자 합니다. 그동안 몇권의 책을 내면서 노동의 경로를 생각한 적이 있습니다. 내 원고를 천장(天葬)하듯 세심히 해부하고 다듬어 준 연세대학교 유미선 양과 최용준 군에게 고마움을 전합니다. 시간은 나에게도 그들에게도 똑같고 소중할진대, 내 시간만이 불공평한 것처럼, 어느 날 그들에게 원고를 디밀었습니다. 그들에게 무엇보다 소중한 시간을 빚지고 말았습니다.

사실 글을 쓰는 동안 "아, 시간이 더 필요해." 하는 투정도 있었습니다. 그러나 책은 시간을 이기지 못하고 나와야만 했습니다. 누군가 말했듯이, 저역시도 글을 쓰는데 배움이나 체험이 반드시 중요하다고 생각하지 않습니다. 하지만 글 안에서 투박하지만 나의 정직과 내면세계가 스며 있길 바랍니다. 그리고 그 속을 조용히 들여다보는 누군가가 있으면 좋겠습니다.

나로서는 끙끙거렸지만 결국은 세수만 하고 로션조차 못 바른 건조한 얼굴과 같은 책을 내놓은 거 같아 도움을 주신 분들께 송구스럽습니다. 이 한 권의 책을 내기 위해 그들이 들인 정신적 육체적 노동이 생각날거 같습니다. 고맙습니다.

인간은 일생동안 신을 만나고 신과 이별하고 새로운 신을 찾는다고 합니다. 둥지를 떠나 파란 창공을 처음 날아가는 아기 새가 처음 하늘의 냄새를 맡은 것처럼, 저는 또 다시 티베트의 냄새를 찾아 떠날 것입니다.

2015년 4월
저자

티베트의 죽음 이해

주문에 걸린 사람들

중국 서남부 해발 4,000미터 고원의 설산(雪山)을 가 보았니. 그곳에서는 사다리만 있으면 언제든지 하늘로 올라갈 수 있다는 거짓말을 믿고 사는 사람들이 있어. 그들은 바로 그 설산 아래 마을에 옹기종기 모여 사는 사람들이야. 매일 대머리처럼 빛나는 설산을 감상하며 사는 사람들이니 설인(雪人)이라고 불러야 할까. 아무튼 이 마을 사람들은 하루 일과가 좀 이상해. 모두가 무엇엔가 좀 홀린 듯해. 마치 마법사의 주문에 걸린 듯, 그들은 이빨이 딱딱거릴 정도로 추운 겨울에도 따뜻하지 않은 옷차림에 하루종일 몇 마디도 하지 않으며 먹는 음식도 초라해 보여. 온종일 보리떡 몇 개와 야크 젖 몇 잔을 먹고 어떻게 버티는지 도무지 이해할 수가 없어. 거주하는 곳은 더욱 형편없어. 그저 바람을 막아 줄 천막집이거나 돌로 사방을 막은 벽돌집이 전부야. 그런데 그 안을 들여다보면 나름대로 규칙과 질서가 있어 보여. 그 몇 평 안 되는 공간에도 잠을 자는 곳, 음식 먹는 곳, 기도하는 곳, 가축이 쉬는 곳, 아이들이 놀 수 있는 곳 등이 모두 다 있다면 믿을 수 있겠니.

사람들은 새벽에 눈을 뜨면 너 나 할 것 없이 조용히 집을 나서 한쪽 손에는 귀여운 '마니차'(손에 들 수 있는 조그마한 경통)라는 법기(法器)를 들고 왼쪽에서 오른쪽으로 부드럽게 돌리면서 말이야. 부드럽게 느낀 것은 가볍게 들어 올린 팔과 그 법기가 조용한 리듬을 타고 있기 때문이야. 나름 박자가 있는 것 같아. 그 장난감같이 생긴 법기의 표면은 신비한 냄새를 풍기는 6자 진언(六

옴마니반메훔, ,옴마니밧메훔, 唵麼抳鉢訥銘吽)이 진하게 새겨져 있고, 그 속에는 불교 경전이 소의 내장처럼 귀엽게 돌돌 말려져 있어. 이 사람들은 이걸 한 바퀴 돌리면 경전을 한 번 읽은 셈으로 친다네. 모두들 경전을 읽을 줄 모르기 때문이야.

그렇게 그들은 금빛을 내고 있는 하나의 거대한 궁전 앞에 속속 모여들어. 마치 약속이라도 한 듯이 말이지. 그 건물은 그 마을의 인간신이 살고 있다는 '포탈라 궁'(布達拉宮)이야. 평지에서 올려다보면 난공불락의 요새처럼 느껴지지. 그런데 그 궁을 보고 있노라면 본능적인 의문이 들어. 어떻게 저런 궁전을 지었을까? 이런 가혹한 환경 아래서 어떻게 저런 화려하고 장엄한 궁전을 지었을까? 무슨 힘으로? 어떤 동기로 말이야? 궁에는 방이 3천 개나 된다지. 그 많은 방들은 무엇을 위해 필요했을까. 이런 생각을 하고 있노라면 이상한 풍경이 눈앞에 펼쳐져. 그것은 새벽부터 하나 둘씩 모인 마을 사람들이 천공에 떠있는 그 거대한 궁전을 올려다보면서 경건하게 몸을 바닥에 대고 엎드리는 거야. 그것도 한 번이 아니라 같은 동작을 반복적으로 되풀이하지. 이건 뭐하는 거지? 오체투지! 그래 바로 오체투지야. 몸과 마음을 바닥에 온전히 다 내려놓는 행위지. 사람들은 이 새벽부터 600번 정도의 오체투지를 반복하며 아침을 맞이해. 온몸이 땀에 젖어, 흥건할 정도로 말이야. 어느덧 태양은 바람을 맞은 방패연처럼 높이 떠올라 이들을 뜨겁게 내리 비추지만 사람들은 아랑곳 하지 않아. 그리고 이러한 사람들은 시간이 지날수록 여기저기서 무수히 나타나지. 마치 무언가에 홀린 사람들처럼 말이야.

점심 무렵이 되면 사람들은 삼삼오오 집으로 느릿하게 돌아가 간단한 점심을 먹고 휴식을 취해. 고원에서만 마시는 느끼한 버터차를 마시고 흥겹게 노래도 부르지. 마치 주위에 아무도 없는 것처럼 그들은 그렇게 눈치를 보지 않고 흥겹게 노래를 연거푸 부르지. 그리곤 낮잠을 자. 살펴보면 그들이 사는 집은 좀 특이해. 집의 외관은 멋지게도 3층으로 지어져 있어. 일층은 가축들이 휴식하는 곳이고, 2층은 가족들의 방, 3층은 간단한 종교의식을 거행하는 신성한 불당. 그리고 옥상이야. 옥상은 줄넘기를 자유로이 할 수 있을 정도의 평수와 반듯함을 가지고 있어. 날씨가 좋은 날이면 이 옥상에서 집주인은 따뜻한 태양을 맞으며 낮잠에 빠지곤 하지. 청과주(靑稞酒)라는 그들만의 곡주를 한 잔 마시곤 말이야.

한잠을 자고 오후가 되면 사람들은 마음먹고 무엇인가를 본격적으로 캐기 위해 초원지대로 양과 야크를 끌고 나가. 사람들이 찾는 그 무언가는 그들 삶에 중요한 양식을 책임진다고 하는데, 바로 '야차굼바'(동충하초, 冬蟲夏草)라고 하네. 일명 '황금의 약초'라고 그들 사이에서는 불리나 봐. 고작 손가락만한 크기의 야차굼바에 온 가족의 생계가 달려 있는 사람도 있어. 이 약초는 그들이 필요로 하는 생활필수품과 물물교환 할 때 매우 유용하다고 해. 설산의 신이 주신 선물인가 봐. 고원과 달리 평지에 사는 사람들은 이 약초를 매우 좋아한대. 이 약초는 해발 4,000~5,000미터 고지대 설산 아래서만 자라는 최상의 약재이기 때문이야. 그래서 매일 정성스레 모은 약초를 날을 정해 평지로 가지고 가서 소금, 밀가루, 버터, 담요 등의 생필품과 맞바꾸어 올라오지. 그런데 이 황금의 약초를 캐려면 날카로운 '시력'과 '집중력'이 필요하대. 수많은 잡풀과 돌 속에서 손가락만한 황금을 찾아내기란 쉽지 않기 때문이지. 어떤 날은 야차굼바를 찾다가 의외의 보물을 발견하기도 해. 바로 '황금'이지. 정말이야. 누런빛을 반짝이는 황금. 사실 황금은 이곳에서 약재보다 많이 있다고 하는데 나는 그 점이 이상해. 반짝이는 황금이 여기서는 약초만도 못한 대접을 받고 있거던. 놀랍게도 이곳 사람들은 황금을 발견하면 자기 것으로 기뻐하지 않고 그들이 숭상하는 인간신, 달라이라마라는 인간에게 갖다 바친다는 것이야. 황금 보기를 약초만도 못하게 여기는 것이지. 믿을 수 있겠어?

밤이 되면 이곳은 낮과는 전혀 다른 얼굴을 드러내지. 한낮의 작렬 하는 태양의 열기는 어디론가 사라져 버리고 너무나도 추워. 추운 것의 끝은 무엇일까. 글쎄 7월의 여름인데도 눈이 펑펑 내린다니까. 정말 하루에 사계절이 다 있는 느낌이야. 이런 곳에서 사람들은 미숫가루와 같은 참파(rtsam-pa, 짬바)와 따뜻한 야크 젓으로 하루의 삶을 갈무리하고 촛불 하나와 설수 한 잔을 가지고 때가 잔뜩 긴 사진 속의 인물(달라이라마)에게 기도하는 것으로 하루를 마감해. 간단한 경배를 올리는 것이지. "오늘도 저를 지켜 주셔서 감사합니다." 하고 말이야.

참 이상한 기분이 들어. 따라다녀 보면 이들의 생활은 모두들 똑같아 보여. 하루하루가 다름이 없어. 이들의 아침, 점심, 저녁, 밤 시간의 언행은 일률적이어서 번잡하거나 변화가 거의 없단 말이지. 어떻게 이렇게 살까. 재미라고는 없어 보여. 이 사람들은 누굴까? 그래 맞아. 이들은 티베트인들이야. 마음만 먹으면 언제든 신이 산다는 설산을 볼 수 있고 사다리를 타고 하늘로도 올라갈 수 있지. 이들은 마음으로 불교를 믿고 '윤회'와 '환생'을 삶의 중심으로 생각하고 살아가고 있어. 그리고 몸보다는 영혼을 소중히 한다고 하네. 영혼이 뭐지? 나는 한 번도 보질 못했어. 보이지 않는 것을 어떻게 믿을 수 있지? 그래서 이 사람들이 이해가 되질 않아. 매일 아침저녁으로 자신들이 숭상하는 신이 거주하는 포탈라 궁으로 걸어가 조용히 몸과 마음을 맡기고 초원에서 황금이라도 발견할라치면 주저 없이 신께 바치는 그들을 어떻게 이해해야 할까. 이들이 이렇게 주문에 걸린 듯, 맹목적이고 단순한 하루하루를 보낼 수 있는 힘은 어디서 오는 것일까?

1. 나는 왜 티베트에 가는가

만약 종교의 냄새(嗅)를 맡을 수 있다면, 색(色)을 볼 수 있다면, 소리(聲)를 들을 수 있다면 어떻게 표현할 수 있을까. 나는 티베트를 생각하게 된다. 인간은 지나치게 종교적인 분위기에 놓여 있다고 생각되면 자신이 왠지 죄인이라고 착각하는 경향이 있는데, 티베트는 그런 기분이 들게 하지 않는 명랑한 기운과 냄새 그리고 풍경이 있기 때문이다. 그리고 그속에서 어떤 종교적 냄새와 소리, 색을 감촉할 수 있다.

하지만 여기서 이야기하는 티베트는 어쩌다 한 번 보는, 초원에서 한가롭게 풀을 뜯고 있는 덩치 큰 야크를 보며 "와, 저 큰 소가 평지에 내려오면 살지 못하고 바로 죽는 그 야크래. 좀 봐." 하며 황급히 사진기를 꺼내는 들뜬 관광 대상으로서의 티베트가 아니다. 오히려 예상보다 고된 발품을 팔아야 하는 여행이고, 보기와는 다르게 고약한 냄새가 나는 야크의 털 속에 파묻혀 추운 초원의 한밤을 견뎌야 하는 원시적인 티베트다. 그 속에서야 비로소 티베트의 냄새를 맡을 수 있고 소리를 들을 수 있다.

티베트는 비행기 타고 들뜬 마음으로 관광하러 가는 도시가 아니다. 관광이라고 하기에는 몸이 너무 고달프고 위험하기 때문이다. 몸은 죽도록 피곤하다. 고산 증세 때문이다. 밤새 두통에 시달리고, 화장실이라도 갈라치면 골이 시계추처럼 흔들린다. 그래서 움직임을 최소화하더라도 날카로운 통증이 양 관자놀이를 집요하게 파고드는 아픔을 주기적으로 경험해야 한다. 바람이 차고 건조하기 때문이다. 그래서 밤이 되면 하늘의 수박만한 별을 보며 상쾌하게 내일의 관광을 기대하기보다는 몇 시간만이라도 숙면을 할 수 있게 해 달라고 기도하게 하는 그곳, 허리와 목이 적당히 잠길 만큼 푹신한 침대보다는 돌과 같이 딱딱한 매트리스에서 잠을 구걸해야 하는 그곳,

똥을 싸기보다는 배속에 간직하고 다녀야 하는 그곳, 그곳이 티베트다. 하지만 티베트에서 오감의 즐거운 의식주를 포기하는 대신 그동안 경험하지 못한 새로운 정신의 세계를 대가로 받을 수 있다. 그것은 바로 쨍쨍한 여름날 소불알처럼 늘어진 자신의 정신줄을 다시 한번 팽팽하게 조율할 수 있는 시간을 맞이할 수 있다는 것이다. 티베트의 밤은 아이리스 머독의 소설 〈수녀와 병사〉의 한 구절을 떠올리게 한다.

잠을 잘 수 있는 사람과 잠을 잘 수 없는 사람들 사이에는 거대한 심연이 있다. 그것은 인간의 종을 갈라 놓은 중대한 경계 가운데 하나다.

대부분의 사람들은 티베트에서 '종이 다른 인간으로 변신한다.' 잠을 잘 잘 수 없는 인간으로 말이다. 그러나 좋은 점도 있다. 그곳에서는 몸은 죽을 것 같지만 정신은 상대적으로 맑아짐을 느낀다. 따라서 티베트는 몸이 편안한 '관광'보다는 '여행 혹은 순례'를 목적으로 해야 버틸 수 있고 의미가 있다. 여기서 여행·순례를 목적으로 해야 한다는 것은 대단한 무언가를 준비해야 한다는 것이 아니다. 그저 낯선 세상에서 보이지 않는 신(절대자)에게 몸과 마음 바치는 '기도' 정도를 준비해서 내놓으면 그만이다. 기도의 내용은 거창하지 않을수록 좋다. 그저 고원에서 온전히 돌아다닐 수 있는 팔과 다리 그리고 바짝 날이 선 정신과 오감을 달라는 내용이면 충분할 것이다. 그 정도면 그동안 스스로에게 부과된 속세의 찜찜한 마음을 반성하고 돌이켜볼 수 있는 최소한의 도구는 마련한 셈이다.

내가 가는 티베트는 이런 성격에 가깝다. 죽을 각오로 하는 오체투지는 함께하지 못하더라도 나는 매년 나의 '업'(인간관계의 찜찜함)을 정화하고 세속적 욕구와 욕망의 탐욕 줄을 목욕시키는 방법으로, 척박하지만 성스런 오지, 티베트를 의도적으로 선택했다. 그러다 보니 준비하는 일정이나 경비, 동선, 만나야 할 사람, 시기 등을 철저히 기획하지 않으면 안 되었다. 하지만 이렇게 '폼' 나게, 인류학자처럼 비장하게 차비하고 도착한 곳은 항상 냉소적인 이성과 동물적인 본능이 싸우게 만드는 곳이었다. 심지어 어떤 상황에서는 기민한 판단을 내리지 않으면 내가 정말 죽을 수도 있는 곳이었다. 이런 티베트 현장의 두려움과 난감함은 언제나 나를 좌절하게 하지만, 그 대가로 누리는 혼자만의 희열 또한 만만치 않았다.

생각해 보면, 티베트에서는 합리와 이성보다는 감성과 본능이 빛을 발하는 것 같고, 그런 원시적인 공간에서는 원시적인 사유와 방법으로 살아가는 것이 최선이라는 순리를 깨우친 것 같다. 즉 좀 더 편하게, 좀 더 우아하게는 티베트에서 안 통한다는 사실을 알게 된 것이다. 그러한 티베트에서 내 마음을 일렁이게 하는 풍경과 인간의 모습, 유물과 역사 그리고 감히 엿볼 수 없었던 생명의 내면세계를 만나게 되는 날이면 마치 소풍날 나무 아래 숨겨 놓은 보물을 혼자 발견한 것처럼 얼굴은 벌게지고 심장은 숨길 수 없을 정도로 콩닥콩닥 뛰었다. 그런데 언제부터인가 그런 느낌을 혼자만 느끼고 싶지 않았다. 가족들에게 친구들에게 심지어 모르는 타인들에게 알려주고 싶었다. 이는 남에게 알려 줄 때마다 내가 그 풍경과 감동을 한 번 더 곱씹어 보는 느낌이 좋았기 때문이고, 상대(학생들 혹은 일반 독자들)도 그 뜻과 느낌을 함께 새기게 되면 좋을 것이라고 생각했기 때문이다.

티베트를 이해한다는 것, 그것은 그곳에 직접 나아가서 육감으로 체험하는 것이라 생각한다. 대단히 욕먹을 말이지만, 몇 평 남짓한 연구실에서 혹은 교실에서 입으로만 티베트에 대해서 잘 안다고 자신하는 연구자들의 대단한 배짱과 그 게으름에 놀라지 않을 수 없다. 이는 서양인이 우리의 김치 맛을 한 번도 보지 않고 김치는 매우 맵고 짜다며 미간을 찌푸리는 바와 다를 것이 없다고 생각한다. 티베트는 푹신한 소파에 주저앉아 DVD를 보며 머리로만 상상하고 이해할 수 있는 대상이 아니다. 그 넓은 대지와 깊이 있는 인문학적 유산은 걸어서 이동하고, 걸으면서 바라보며, 잠자고 관찰하는 길 위의 체험에서라야 학습하고 공감할 수 있다. 심지어 봉변을 당하더라도 그들이 벌이는 각종 문화적 행사와 종교의례 등에 능동적으로 참석해야 한다. 비록 먼발치에서 바라보는 불편함을 겪더라도 말이다. 따라서 티베트를 눈(看)으로 관광하는 것이 아닌, 깊게 알려는(觀) 사람이라면 단호하게 '다녀오겠습니다.' 하고 히말라야로 떠날 줄 알아야 한다. 그동안 단단히 축적된 이론적 배경과 상상력을 무기 삼아 현지에 가서 그곳의 바람과 대지, 풍경과 사상을 오감으로 감촉(感觸)해야 한다. 그래야만 스스로가 그동안 의지하고 자랑스러워했던 공부의 틈새를 자각할 수 있을 것이다.

사람마다 자기 관리와 삶을 성찰하는 기준은 다양하다. 어떤 이는 성현의 철학과 말씀을 가지고 자기 관리를 하며, 어떤 이는 유행하는 옷을 가지고, 어떤 이는 운동을 통하여, 또 어떤 이는 음악과 미술을 통하여 자기 관리를 하며 자신을 드러내고 싶어한다. 모두 다 스스로의 몸과 정신을 사랑하는 방법일 것이다. 이런 의미에서 본다면 나는 나를 사랑하고 관리하는 방법 중의 하나가 티베트를 가는 것이다. 그리고 그곳에서 오로지 걷는 것과 마음에서 얻는 것(心得)을 가지고 스스로를 들여다 보는 것이다.

2. 세 가지 두려움

이 글을 쓰는 동안 세 가지 두려움과 갈등이 끊임없이 왔다 갔다 했는데, 이는 이 글을 쓰는 목적과 이유 그리고 마음으로 얻을 수 있는 것(心得)이 무엇인지를 명확히 밝히려는 마음이 있었기 때문이다.

첫 번째 두려움

이 글을 쓰는 목적은 크게 세 가지다. 첫 번째는 지극히 개인적인 차원의 의문에서 시작되었는데 결국 그 의문이 가장 큰 목적이 되었다. 즉 '나는 죽으면 어떻게 될까?' 하는 물음에서 이 글은 시작되었다고 할 수 있다. 그리고 이 의문은 꼬리가 아홉 개씩이나 달린 여우처럼 내 마음에서 살랑살랑 왔다 갔다 하면서 힘 있게 자리 잡았다. 그리고 생각의 꼬리는 또 다른 꼬리들을 배양했다. 예를 들면, 죽은 뒤 나는 다시 태어날 수 있을까? 다시 태어난다면 같은 인간으로 태어날까, 아니면 낙타나 타조와 같은 동물로 태어날까? 이러한 나름 심각한 개인적 상상과 고민이 한동안 지속되었는데, 이는 결국 나를 죽음 문화가 성숙한 티베트에까지 나아가게 했다.

구체적으로 세어 보지는 않았지만 오늘날 죽음에 대한 인문학적 사유와 이론적 바탕 그리고 경험적 체험(명상이나 수행)을 오래도록 그리고 집단적 전통(주술의식 포함)으로 계승하고 있는 민족은 적지않다. 그런데 그런 죽음 관련 영역은 대부분 종교가 중요한 입체적 역할을 한다. 그중 나는 유독 티베트가 마음에 간다. 왜냐하면 그곳에는 오늘날에도 죽음에 관한 이론적 경전과 인간적 경험이 천년 이상이나 보존되고 내밀하게 전승되는 인간 대 인간의 인문학적 전통이 남아 있고, 여전히 내밀하게 전교(傳敎)되고 있기 때문이다. 그리고 그 전통을 유지하고 존속시키는 영적인 존재(수행승, 활불)들과 불교사원 또한 견고하게 존재하기 때문이다. 오늘날에도 해발 4,000미터 고원의 티베트 불교사원 안에는 철저하게 속계(俗界)와 인연을 끊고 오로지 자신의 구원(해탈)을 위해 그리고 타인의 구원을 위해 평생 고집스럽게 수양하는 수도승들이 즐비하다. 우리들은 이들을 '라마승'이라 부르곤 한다. 그런데 그 사원 속에서 그 라마승들이 가장 집중하고 많은 시간을 들여 수양하는 화두 중의 하나가 바로 '죽음'이다. 따라서 엄숙한 학술적 목표라기보다 개인적 호기심에서 출발한 이 마음이 두렵다.

두 번째 두려움

이 글의 두 번째 목적은 필요성에 가깝다. 즉 '기억의 전경'을 잊지 않기 위함이다. 여기서 말하는 기억의 전경이란, 티베트의 천장(天葬)의식이다. 티베트의 특별한 공간 속에서 벌어지는 그들만의 장례 의식과 성스러운 세계를 기록하기 위함이다. 즉 티베트의 천장이라는 장법과 그 밖의 장례문화에 대하여 소개하고 싶었다. 우리들이 경험해 보지 못한 죽음을 좀 더 잘 이해하고 죽음 가까이 접근하는 방법에 있어서 티베트의 천장은 매우 적합한 이야기라고 생각했기 때문이다. 천장이라는 장례 의식에는 특별한 공간(천장터)과 특별한 사람(천장사) 그리고 특별한 동물(독수리)까지 출현하기 때문이다. 그 특수한 존재들을 알리고 싶었다. 문자로 전승된 기나긴 여정은 현장 검증이라는 지름길을 통해 되살아나고 더욱 활성화되곤 하는데, 그동안 축적해 놓은 나의 객관적 자료와 주관적 오감이 사라지기 전에 그 이야기를 기록하고 싶었다. 솔직히 임금님 귀는 당나귀 귀라고 대나무숲에서 외친 이발사의 주관적 행복을 나도 느끼고 싶었다. 그러나 이발사의 행복이라는 것도 임금님 귀가 당나귀 귀라는 사실을 대나무숲의 요란한 공명을 얻어 넴으로써 가능했을 것이다. 그런 의미에서 나는 티베트의 장례문화, 그중에서도 천장을 소개하기로 마음먹었다.

오랜기간 동안 티베트는 중국으로부터 일방적인 '짝사랑(?)'을 받아 왔다. 짝사랑의 결과는 티베트의 많은 것을 바꾸어 놓았고 현재도 바꾸고 있는 중이다. 예를들면 지금 티베트의 초원에는 양과 야크보다는 오토바이와 트럭이 질주하고 있고, 평균 수명이 50세 미만이었던 그들의 삶이 최신식 병원과 의료 환경의 덕분으로 각종 질병으로부터 어느 정도 해방됐고 평균 수명도 높아졌다. 그리고 더욱 더 놀라운 건, 반 년 혹은 일 년 걸려 갈 수 있었던 티베트의 심장 라싸도 이제는 북경에서 용의열차(청장열차)를 타면 48시간 만에 가볍게 올라올 수 있게 되었다. 교육은 또 어떠한가? 열에 아홉은 문맹, 아무도 글자를 알려 하지도 않았고 그럴 필요도 없던 환경에 살았던 티베트인들이 이제는 내지의 북경이나 사천, 천진, 상해 등지로 유학(?)을 갈 수 있게 되었다. 그뿐인가. 불교사원에서 온종일 스승을 모시고 공부하는 수행승들을 부러운 눈빛으로 쳐다보며 사원 담장 밖에서 귀를 쫑긋하여 엿듣던 시대에서, 이제는 티베트에도 학교가 건립되어 티베트어 외에도 중국어와 영어까지도 배울 수 있는 '우아한' 티베트 시대가 열리지 않았는가. 이보다 더 좋을 수 있을까?

하지만 그 속에서 잃어가는 것도 만만치 않음을 알아야 한다. 모든 우주의 질서는 공평함을 추구하고 질량불변의 법칙을 견지하지 않던가. 새로운 것들이 기존의 공간과 삶의 틈을 비집고 들어왔다면, 내주고 버려야 할 것도 반드시 생겨난다. 예를 들자면 티베트 사회의 정신적 멘토인 수행승들과 활불(活佛), 티베트인들의 정신적 구심체인 불교사원, 오락이 곁들어진 종교 축제, 그들만의 죽음 축제인 장례 의식, 그리고 그들만이 품고 있었던 압도하는 자연 등이 그것이다. 이 유산들은 날이 갈수록 새로운 침입자들에게 공간을 내주고 뒷전으로 밀려나고 있다. 그래서 나는 이 글에서 내가 보고, 느끼고, 감격했던 티베트인들의 숭고한 죽음 의식 '천장'을 기록하고 남기고자 하는 것이다. 그리고 그 속에서 우리에게 사라져 가고 있는, 혹은 잃어버린 소중한 그 무엇을 다시 한 번 자각하고 되돌아볼 필요성을 느꼈다. 그러나 인간의 모든 체험은 시간과 함께 뒤로 물러나 원경(遠景)이 됨으로써 말초적인 것이 생략되는 대신, 비로소 그 전모를 드러내게 된다. 따라서 이 모든 것이 편협한 나의 말초적인 판단과 느낌은 아닐까, 하는 생각도 든다.

세 번째 두려움

우리와 전혀 다른 생존 환경과 삶의 양식을 가진 티베트인의 정신세계를 엿보는 것이 무슨 의미가 있을까. 왜 보아야 할까. 심지어 천장이라는 장례 의식을 그들의 가치관과 심미인식으로 파헤쳐보는 것이 우리에게 무슨 이로움이 있을까? 여기에 대한 고민과 해답이 이 글을 쓰는 세 번째 목적이라고 할 수 있다. 티베트의 천장과 그들의 장례문화를 통하여 오늘을 사는 우리가 내면적으로 얻을 수 있는 것이 있다면 무엇이 있을까. 이 부분에 관하여는 본문을 읽다 보면 차츰 확인할 수 있지만, 대략 다음의 것들이 될 것이다.

첫째, 티베트 고대사회, 예를 들어 토번(吐蕃) 시대의 집정자들, 즉 왕(贊普)과 대신(大臣), 및 귀족들의 종교적 사유와 그들의 장례 방식을 살펴 볼 수 있다. 그들은 왜 그런 사유와 장법을 해야만 했을까.

둘째, 티베트인들이 고대로부터 오늘날까지 중시하는 '환생'과 '윤회'에 대한 관념과 그 중요성을 이해할 수 있다. 이는 오늘날 티베트를 이해하는 중요한 키워드 중의 하나가 될 수 있다. 그들은 왜 인도에서 전파된 불교적 사상과 고승들을 신뢰해야만 했는가? 또한 그러한 정신적 관념이 일상의 삶에 어떤 영향을 미쳤는가? 본문에서는 이를 검토하는 한편, 동시에 티베트인들이 왜 천장에 집착할 수밖에 없는지를 알 수 있다.

셋째, 티베트에서 천장 의식을 주관하는 기관은 공식적으로 불교사원이다. 따라서 사원이 왜 이 장법을 능동적으로 주관하고 추진했는지도 알 수 있다. 그 속에는 사원과 일반 티베트인들 간에 어떤 공존감이 형성됐는지도 포함된다.

넷째, 천장의 세 가지 조건, 즉 독수리, 천장사(天葬師), 천장터(天葬臺)의 현지답사와 관찰을 통하여 티베트만이 보유하고 있는 공간의 특수성과 그 의미를 확인할 수 있다.

다섯째, 천장 외에 기타 장법들도 연계적으로 살펴볼 수 있으며 상호간의 차이점과 공통점도 분별할 수 있다. 이러한 분별 속에서 티베트의 자연환경과 경제 그리고 위생관념이 장례 방식에 어떤 영향을 미치고 있는지를 이해할 수 있다.

여섯째, 티베트인들의 장례 유형과 방식을 통하여 그들이 추구하는 '죽음 인식'과 '생명 인식'에 대한 다른 시각을 엿볼 수 있다.

일곱째, 그리고 천장을 통하여 현대를 살아가는 우리의 장례 문화를 돌아볼 수 있다. 전혀 다른 공간과 질서의 원리 속에서 그들이 만들어 낸 죽음의 사유와 방식은 어쩌면 물질만능 속에서 모든 것이 편리해진 우리들에게 또 다른 죽음문화의 모델을 제시할 수도 있을 것이다. 이는 그들의 세계로 진입하여 그들이 추구하는 죽음의 방식을 따르라는 것이 아니다. 다시 말해서 불편하고 비위생적인 시체의 처리방법과 의례 속에서도 차원이 다른 죽음문화와 죽음에 대한 새로운 태도를 발견할 수 있다면, 그것은 모든 면에서 그들보다 우월하지만 우울증이나 자살과 같은 정신적인 측면에서는 그들보다 형편없는 우리 삶에 어쩌면 또 다른 처방을 내려줄 하나의 모델이 될 수도 있지 않을까 생각하기 때문이다.

마지막으로 티베트의 죽음과 장례를 연구하면서 전해주고 싶은 메시지가 있는가 하면 아쉬움 또한 있다. 전자(메시지)는 인간이 느끼는 내면적 두려움과 그것이 오는 이유 그리고 극복할 수 있는 방법이 있다면 그것이 무엇인지를 티베트의 천장과 사람들의 삶의 방식을 통해서 전달하고 싶은 것이었다면, 후자(아쉬움)는 오늘날 티베트 천장현장의 급속한 변화와 그곳을 답사하는 개인적인 능력의 한계다.

최근 중국정부는 '티베트 천장에 관한 새로운 규정과 방침'(天葬管理暫行規定)을 공개적으로 밝혔다. 그 내용은 다음과 같다.

첫 번째, 천장의 현장에서는 어느 누구도 촬영, 녹음 , 기록을 전면 불허한다.

두 번째, 신문, 잡지, 서적, 화보 등을 통해서 천장 의식을 전파하거나 유통시키면 안 된다.

세 번째, 정해놓은 천장 공간 외에 다른 지역을 임의적으로 참관하면 안된다.

네 번째, 티베트의 천장은 중국정부의 도움아래 법률적으로 보호받을 권리가 있다. 따라서 어떤 여행단체와 개인도 위의 지침사항을 어겨서는 안된다.

만일 위의 사항을 어겨 적발되면, 관할 인민정부와 공안의 적법한 절차를 통하여 엄중히 처벌한다.

이렇듯 직접적인 중국의 간섭은 날이 갈수록 심화되고 있는 실정이다. 따라서 경우에 따라서는 많은 위험을 감수하고 들어가야 하는데 여기에는 살벌한 정신적 긴장과 육체적 고통을 수반한다. 이점에서 나는 부족함과 부끄러움을 느낀다. 몇 년 전. 잠시 같이 지냈던 천장사가 다음과 같은 글을 내게 보내온 적이 있다.

"요새 나의 마음은 시체가 몇 구 올라오는가에 있는 것이 아니라, 나의 곁에서 몇 년 동안 천장을 도와준 제자의 마음이 변하여 사원을 떠나지 않을까? 하는 것입니다. 요 몇 년 사이, 천장은 변화를 거듭하고 있는데 그 중심에는 시체를 다져서 독수리에게 보시할 전문 천장사가 날이 갈수록 부족하다는 것입니다. 아무도 이일을 하려 들지 않습니다. 간혹 하려는 사람들이 나타나기도 하는데 그들은 철저한 직업의식을 가지고 돈만 벌려는 사람들입니다. 안타까움을 느낍니다."

이 짧은 그의 서신 속에서 나는 오늘날 티베트의 상황을 직시할 수 있었다. 따라서 이 책은 어쩌면 그(천장사)의 근심과 걱정에 대한 또 다른 나의 표현 방식일 수도 있겠다. 하지만 이 책 속에서 티베트의 본질보다는 외부적인 것을 너무 드러낸 것 아닌가, 하는 생각이 들어 역시 조심스럽다.

3. 책의 구성

이 책은 2부로 구성되어 있다. 1부는 '죽음 없는 사회'란 주제로 다섯 꼭지의 이야기로 구성되어 있다. 이 부분은 2부에서 소개되는 하늘위의 장례들을 이해하기 위한 준비에 해당되는 부분이다. 천장과 그밖의 장례를 오해없이 이해하려면 우선 티베트 장례 문화 형성의 근저에 깔려 있는 역사와 사상과 문화에 대한 인문학적 상식이 필요하기 때문이다. 따라서 1부에서는 천장이라는 장법을 할 수밖에 없는 티베트의 사람들 이야기(주문에 걸린 사람들), 윤회와 환생 이야기(하나의 영혼, 14개의 몸), 천장에서 인간의 육신을 먹어 치우는 독수리에 관한 이야기(독수리의 나라), 천장을 주관하는 해부사의 이야기(과거를 알아보는 사람) 그리고 '자살 없는 사회'라는 주제를 통해서 티베트 사회를 둘러싸고 있는 공간, 사람, 풍경, 종교, 자연, 생명과 죽음에 대한 그들의 이야기를 먼저 다루었다. 따라서 전반부의 내용이 티베트의 외피를 설명한다면 2부, 즉 티베트의 장례 이야기들은 이 책의 내피에 해당된다고 할 수 있다. 하지만 이 둘은 서로 다른 이야기가 아닌 하나의 이야기이다. 즉 1부의 내용을 편안하게 보고 받아들인다면 2부는 자연스럽게 연결될 수 있으며, 의미와 전달하고자 하는 메시지를 공통적으로 느낄 수 있을 것이다.

티베트에서 천장을 찾아 헤맬 때, 미국 애플사 최고경영자(CEO) 스티브 잡스가 죽었다는 뉴스를 고원 위의 게스트하우스에서 들었다. 돈이 많아 영원히 살 거 같았던, 만약 생명연장의 약수가 있다면 가장 먼저 마셨을 거 같았던 그가 젊은 나이에 죽고 만 것이다. 그는 죽으면서 다음과 같이 의미 있는 말을 했다.

인생의 중요한 순간마다 곧 죽을지도 모른다는 사실을 명심하는 것이 내게 가장 중요했다. 죽음을 생각하면 무언가 잃을지 모른다는 두려움에서 벗어날 수 있다. 열일곱 살 때 '하루하루가 인생의 마지막 날인 것처럼 산다면 언젠가는 바른길에 서 있게 될 것이다.'라는 글을 읽고 매일 아침 스스로에게 '오늘이 내 인생의 마지막 날이라면 지금 하려고 하는 일을 정말 할 것인가' 라고 물으며 하루를 시작한다. 죽음은 삶이 만든 최고의 발명품이다. 죽음은 삶을 변화시킨다. 여러분의 삶에도 죽음이 찾아온다. 인생을 낭비하지 말기 바란다.

그의 말을 상기하니 부(富)와 명예도 죽음 앞에서는 맥을 추지 못하는 것 같다. 생명체로 태어난 이상 삶의 값을 치러야 하는 생의 대가가 있다면 그것은 바로 '죽음'일 것이다. 그에게서 다시 한 번 확인하는 순간이었다. 그때 나는 많은 생각을 하게 되었다. 그중 하나는 21세기 최고의 물질 서비스를 제공받고 있는 우리는 죽음을 어떻게 이해하고 어떤 마음으로 받아들여야 할까?하는 것이었다. 어쩌면 이 책은 그 물음의 답을 찾아가는 과정일 수도 있겠다. 하지만 한 개인의 이성과 감성 그리고 제한적인 경험과 의지로 인간의 삶과 죽음을 온전히 이해하고 설명한다는 것이 '불가능함'을 역시 이 글을 쓰면서 깨달았다.

티베트에서 죽음과 그 너머의 세계를 알고자 하는 과정은 어렸을 적 나비와 잠자리를 잡는 것처럼 어려웠다. 손에 잡힐 듯 했으나 항상 나비와 잠자리는 마지막 순간에 슬그머니 날아가 버리곤 했다. 죽음의 정체는 알 수 없었다. 그래서 나비(죽음)를 스스로의 의지로 잡았다 놓았다 할 수 있다는 티베트의 고승(활불)들을 찾아다니며 물었다. 그들은 나비채도 없이 가볍게 나비를 자기의 손바닥 위에 올려 놓을 수 있는 특별한 존재들이었다. 그러나 그들의 축적된 정신적·육체적 무게를 받아들이기에는 내가 너무도 가벼웠다. 이야기를 나누다보면 언뜻 이해가 될 것 같은 부분도 있었지만 워낙 내밀한 이야기이고 주관적 경험이기에 내 마음에만 담아 간직하기로 한 부분이 나날이 늘어갔다. 설령 내가 언뜻 이해가 된 부분이 있어도 일단 마음으로만 간직하기로 하고 곱씹어 보기만 할 뿐이었다. 그것이 나에게 내밀한 시간을 허락해 준 그들에 대한 예의라고 생각했다.

최근 우리 사회에도 죽음에 대한 인식의 변화가 일어나고 있음을 느낀다. 즉 죽음을 이해하고 알고자 하는 마음과 사회적 현상이 예전과는 많이 달라졌다는 것이다. 예를들면 죽음에 관련된 책이나 학술, 영화, 다큐, 예술 공연 등이 다양하게 늘어 가고 있다. 이는 그동안 이야기하기 꺼려했던 죽음에 대해 이제는 이야기하고 마음을 열고자 하는 마음과 개방성이 높아졌다는 것을 의미하는 것이 아닐까. 죽음을 완전히 이해하고 정복할 수는 없을 것이다. 죽음은 아마도 영원히 풀리지 않는 숙제일지 모른다. 거기에 죽음의 의미와 가치가 있기 때문이다.

그런 의미에서 티베트의 죽음에 관한 사유와 문화 그리고 전통적 종교의식은 우리가 한 번쯤은 쳐다보아도 될만한 하나의 공간이 될 수 있다고 생각한다. 그러나 그들의 죽음의식과 가치관이 정답이고, 우리 모두가 그런 가치를 가져야 한다는 것은 아니다. 그저 우리가 똑같이 맞이해야 할 '죽음'이라는 인생의 숙제를 생각할 때, 한 번쯤은 들여다볼 만한 공간이고 사람들이라는 것이다. 우리와 전혀 다른 차원의 사유와 죽음 의식을 진행하는 그들과 접속하고 다시 한 번 죽음에 관한 다른 차원의 이해를 도모한다면 그것으로 족할 것이다. 행여나 읽는 이들의 종교적 신념이나 죽음의 가치관이 다르더라도 티베트의 그것을 강요하는 것이 아님을 밝혀 두는 바이다.

미개(未開)라는 말은 두 가지의 뜻이 있다고 한다. 첫 번째는 '사회가 발전되지 않고 문화 수준이 낮은'이라는 뜻이고, 두 번째는 그 아래 아직 '열리지 않은'이란 뜻이다. 이 글은 두 번째의 의미를 가지고 쓴 글이다.

제 **1** 부

죽음 없는 사회

여기 '죽음'을 좋아하는 신종 바이러스가 있다. 그 바이러스는 단단한 몸, 건강한 사람을 혐오한다. 오히려 늙음과 허약한 신체를 선호한다. 병에 걸린 자를 좋아한다. 암에 걸린 사람을 쫓아다닌다. 심지어 그 바이러스는 눈에 보이지도 않는 '영혼'을 쫓아다닌다. 거리에서 눈치를 보고 있다가 곧 죽을 것 같은 사람이 나타나면 재빨리 그 몸에 들어간다. 몸에 잠입해서 죽을 것 같은 사람 혹은 생명체가 혹시 다시 건강해지거나 삶이 연장된다면 지체하지 않고 즉각 몸에서 나온다. 이 바이러스는 티베트 고원에 창궐했고 지금도 존재한다. 이 바이러스의 이름은 '환생'이다.

천년의 세월 동안 죽음이 존재하지 않는 동네가 있다. 그 동네는 티베트 고원에 존재한다. 그곳에는 그 얻기 힘든 환생의 바이러스를 생산하는 불교 사원이 사방에 있고, 이를 처방할 수 있는 능력 있는 수행자(라마승)들이 살고 있다. 심지어 활불이라는 고승은 죽음과 환생이라는 바이러스를 자유로이 운용하는 능력을 가지고 있다. 따라서 이곳에 거주하는 티베트 사람들은 죽지 않는다. 이승의 몸을 버리게 되더라도 환생이라는 바이러스를 구할 수 있기 때문이다. 이 사람들이 갈구하는 것은 죽음의 부정이 아니다. 몸이 쇠약해지거나 죽음에 임하면 삶에 대한 집착에서 벗어나서 새로운 세계로 진입하는 것이다. 새로운 차원을 거쳐 더 높은 차원 혹은 인간으로 다시 태어나는 것이다. 그들 삶의 목표이자 소원은 바로 그것이다.

티베트 사람들에게 죽음이 없다는 것은 무슨 뜻인가? 그것은 신체의 존재 유무를 떠나는 것이다. 그들이 중시하는 것은 생명체의 몸속에 기식하고 있는 영혼이다. 영혼이라는 알맹이는 때가 되면 가차 없이 몸을 버리고 나오는 성질을 가지고 있다. 이때 온전히 영혼을 몸에서 나오게 하려면 주술적인 특수한 의식을 거쳐야 하는데 의식을 순조롭게 연출할 수 있는 사람은 오랫동안 수행해 온 활불뿐이다. 그를 통해서만 환생이라는 바이러스는 이동이 유효하다. 모든 기능이 멈추어 버린 신체에서 영혼은 빠져나와 새로운 생명체의 자궁으로 들어가야 한다. 그리고 인간이든, 동물이든, 벌레든, 지렁이든 환생이 확실하다면 생명은 다시 생명으로 이어진다. 죽음은 없다. 따라서 소멸도 없다. 오직 생성과 윤회만이 있을 뿐이다. 티베트에서는 이것이 가능하다.

1. 하나의 영혼, 14개의 몸

조선 후기의 실학자 연암(燕巖) 박지원(朴趾源)은 그의 저서 『열하일기』[1]에서 반선시말(班禪始末)이라는 제목으로 티베트의 고승 판첸라마(པན་ཆེན་བླ་མ,班禪額爾德尼)에 대한 기록을 남겼다. 그 내용은 다음과 같다.

반선액이덕니(班禪額爾德尼)는 서번(西番) 오사장(烏斯藏, 서장 지방의 일부)의 대보법왕(大寶法王)입니다. 서번은 사천(四川)·운남(雲南)의 지경 밖에 있고, 오사장은 대개 청해(靑海) 서쪽에 있는데, 옛 경(經)에는 당(唐) 때의 토번(吐蕃) 옛 땅으로 황중(湟中)[2]에서 5천여 리 떨어져 있다 합니다. 혹은 반선을 장리불(藏理佛)이라고도 하는데, 소위 삼장(三藏)이 바로 그 땅입니다. 반선액이덕니는 서번

말로는 광명(光明)·신지(神智)와 같은 말인데, 법승(法僧)들이 말하기를, '그의 전신(前身)은 파사팔(巴思八)이라' 하여 그 말에 허탄하고 이상한 것이 많으나, 도술(道術)이 고명해서 때로는 징험(徵驗)이 있다고도 합니다.

박지원은 당시 티베트의 활불에 대해서도 비교적 자세히 기록하고 있다. 아래와 같다.

홍무(洪武) 초년에 황제가 서번 여러 나라에 널리 유시를 내리자 이에 오사장(烏斯藏)이 먼저 사신을 보내어 조공을 했는데, 그 왕은 난파가장복(蘭巴珈藏卜)이라는 중으로 오히려 황제의 스승이라고 자칭했습니다. 이때 여러 번지에 있는 황제의 스승과 대보법왕은 이미 자기 나라를 가진 칭호로 되어, 한(漢)이나 당(唐)의 선우(單于)·극한(可汗)의 칭호와 같았습니다. 황제는 제사(帝師)란 명칭을 모두 고쳐서 국사라 일컫고, 옥으로 된 도장을 하사하는데 황제가 친히 옥의 품질을 보살펴서 아름다운 것으로 만들었고, 그 글에는 출천행지선문대성(出天行地宣文大聖) 등의 칭호를 썼던 것이나 역사가들이 이것을 생략했었습니다. 이 인(印)은 옥새와 같이 쌍룡이 얽힌 모습을 그렸는데, 그 뒤로 서번 여러 나라를 법왕이니 제사니 하고 불러, 더욱 사신을 보내어 그 이름이 천자의 뜰에까지 들리게 된 자가 무려 수십 국으로서 이들을 모두 국사로 봉하고, 대국사를 더해서 극진히 대우했습니다. 성조(成祖) 때에는 부마를 보내어, 서번의 중 탑립마(嗒立麻)를 맞고자 법가(法駕)를 하사했는데, 반은 천자의 쓰는 것이나 다름없이 참람되었고, 금은보화와 비단을 하사한 것이 이루 기억할 수 없었습니다. 고제(高帝)와 고후(高后)를 위하여 절을 세워 복을 빌었는데, 이때에 경운(卿雲)과 감로(甘露)의 상서와 조수·화과(花果)의 길조가 나타나니, 성조가 크게 기뻐하여 탑립마를 '만행구족시방최승등여래대보법왕'(萬行俱足十方

最勝等如來大寶法王)에 봉하고, 금으로 짜고 구슬로 꿴 가사를 하사했으며, 그 막리들을 모두 대국사에 봉했습니다. 그가 가진 불가의 비법은 신통하여, 환술과 같은 것이 많아서 능히 조그마한 귀신을 시켜, 경각 사이에 만 리 밖에 있는 때 아닌 얻기 어려운 물건을 가져 오는 등, 그의 술법은 현란하고 괴망해서, 사람의 생각으로는 헤아릴 수 없었습니다. 당시 서장 각지에 대승(大乘)이니 대자(大慈)니 하는 법왕의 칭호를 얻은 자도 있고, 또 천교(闡教)·천화(闡化)라는 다섯 교왕이 있어서, 이 다섯 교왕의 조공 바치는 사신들이 서령(西寧)·조황(洮潢) 사이를 쉴 사이 없이 다니니 중국도 또한 일찍부터 그들의 번거로운 비용을 괴롭게 여겼으나, 실상은 넉넉한 대접으로 그들을 어리석게 만들었고, 넓게 왕호를 봉하여 제각기 조정에 조공하게 함으로써 그 세력을 남모르게 쪼개었지만, 서번 사람들은 이것을 깨닫지 못했을뿐더러 또한 중국이 주는 상금을 탐내어 조공하는 것을 오히려 이로운 일로 여겼습니다. 정덕(正德) 연간에는 중관(中官)을 보내어 오사장 활불을 맞아오는데 황금으로 공물을 하고, 황제·황후와 왕비와 공주들은 서로 다투어 패물이나 노리개·머리꽂이 같은 보물을 내어 그를 맞는 비용으로 쓴 것이 몇 만 금으로 셀 정도였다 합니다. 그들은 온 지 10년 만에 돌아가기로 했는데, 돌아갈 기한이 이미 다 되자 활불은 피해 숨어서 찾아볼 수도 없었고, 가졌던 보옥은 다 없어져 빈손으로 도망했다 합니다. 만력(萬曆) 때에는 또 신승(神僧) 쇄란견조(鎖蘭堅錯)라는 자가 있었는데, 역시 중국에 통하여 '활불'이라 일컬었다 합니다.

박지원은 기록의 말미에 반선(판첸라마)의 존재에 대해 깊은 의문을 제기한다.

반선은 과연 잘난 사람일까? 황금으로 지은 집은 오늘 황제로서도 거처할 수 없는 터에 저 반선은 어떤 사람이기에 이런 곳에 안연히 거처를 할까?[3] 반선이 사는 집은 찰십륜포(札什倫布)라는 불교사원이다.

반선이 사는 불교사원(찰십륜포)에 대해서도 박지원은 기록을 남기고 있다.

　　막 햇빛에 번쩍이는 금기와를 보고 전각 속에 들어서 보니 집 안은 침침하고 그가 입은 입성은 모두 금실로 짰으므로 살빛은 샛노랗게 되어 마치 황달병 들린 자만 같았다. 대체로 누런 금빛색깔로 뚱뚱부어 터질 듯이 꿈틀꿈틀 군지럽게도 살은 많고 뼈는 적어서 맑고 영특한 데가 없고 보니, 비록 까맣게 쳐다볼 만하고 앉은 덩어리가 방에 가득 찼으나 보기에 겁나 보이지 않고 멍청한 것이 무슨 물귀신 화상만 같아 보였다.[4] 혹자는 말하기를 원나라, 명나라 이래로 당나라 적 토번 난리에 데어서 반선이 오기만 하면 언뜻 높은 지위로 봉하여 그 세력을 갈라 놓고 그들에 대한 대우는 신하의 대우가 아니었으니 이는 유독 오늘에 와서만 그런 것이 아니라고 하는데, 여기는 까닭이 있다. 당시로 말하면 천하를 처음으로 통일한 때로서 이렇게 하지 않을 수 없었던 것이다.

　　그러나 원나라에서는 반선에게 호를 붙여 '황천지하 일인지상 선문대성 지덕진지'라고 했다. 여기 '일인지상'에서 '일인'은 천자를 가리킨 말이다. 원나라 세조쯤은 사막 출신이니까 이런 짓을 한다고 해서 괴이쩍게 생각할 나위도 못 되지마는 명나라 초기에 첫머리로 이상한 중을 찾아 귀족들의 자질로 하여금 스승으로 섬기게 하고 서번 중을 널리 초빙하여 높이 대우를 하면서도 이것이 천자의 지위를 낮추는 것이라고 깨닫지 못하였다. 나라를 세우는 초두부터 형제 자제들을 이렇게 교육시켰으니, 이 얼마나 비루한 짓이랴. 대체 그들의 술법이란 오래 살고 밝게 본다는 방술로서 이것이 곧 세상에 다시 태어난다는 것인 바 이로써 임금들의 마음과 눈을 흐리고 있었던 것이다.

이 글에 나타난 연암의 견해를 보면, 판첸라마에 대한 의구심이 깊다. 특히나 판첸라마가 당시 갖고 있던 위상과 신분에 대해 납득하기 어려워 했다.

하지만 서번, 오사장, 토번, 서장, 티베트로 이어지는 역사 속에서 정작 티베트인들은 달라이라마와 판첸라마를 어떻게 생각했을까? 결론부터 말하자면 달라이라마와 판첸라마는 티베트의 '해와 달'이었다. 해와 달, 그것은 낮과 밤의 절대자이자 없어서는 안 될 절대 조건이다.

외부인들은 종종 판첸라마와 달라이라마를 정치적 · 종교적 서열로 구분하곤 한다. 누가 더 높은가? 누가 더 종교적으로 법력이 우월한가? 그러나 티베트에서는 그들을 굳이 구분하지 않는다. 판첸라마는 아미타불의 화신

티베트 라싸공항에서 포탈라 궁으로 가는 길목에 거대한 불교벽화가 석조되어 있다. 티베트는 가는 곳마다 불교벽화와 탑, 사원, 오색깃발, 육자진언을 새긴 돌(마니석) 등을 통하여 사방에 부처님을 모시고 있다.

이고 달라이라마는 관세음보살(觀世音菩薩)[5]의 화신으로만 여길 뿐이다. 누가 제일의 지도자이고 누가 그 다음인지, 그들이 진짜인지 만들어진 부처의 화신인지는 중요하지 않다. 명확히 '이것 아니면 저것'이라고 갈라서 판단을 하는 것은 우리에게나 길들여진 방식이다.

1959년 14대 어린 달라이라마는 인도로 망명길에 올랐다. 그때 그는 자신의 운명을 슬퍼하면서 다음과 같이 말했다.[6]

> 1절: 형이 아우에게: "이제 나는 타국으로 떠나지 않으면 안 된다. 슬퍼하지 말아 다오, 아우야. 이것은 전생에서의 인과(因果)일 테니까. 언젠가 구름 사이로 볕이 드는 날도 있을 테니."

이를 받아 판첸라마는 다음과 같이 회답했다.

> 2절: 아우가 형에게: "나는 여기 남아 있을 게요. 형님, 너무 마음 아파하지 말아요. 이것도 전생으로부터의 인과겠죠. 한 방울의 물도 결국에는 큰 바다로 흘러들어가는 걸요."

이 광경을 보고 티베트인들은 그들을 향해서 다음과 같이 말했다.

> 3절: 두 분에게: "우리들은 고통을 달게 받겠습니다. 이것도 전생으로부터의 인과니까요. 제발 슬퍼하지 마셔요. 하늘의 해와 달 같은 두 분의 지킴 덕으로 우리들의 오늘이 있으니까요."

이 내용은 티베트인들이 부르는 애창곡 중의 하나이다. 하늘의 해와 달,

그것은 달라이라마와 판첸라마를 두고 한 말이다. 그러니 굳이 그 둘을 갈라서 구분할 필요가 없다.

이 둘의 존재가 티베트인들에게 해와 달에 비견되는 절대적인 존재로 숭상 받는 이유 중의 하나는 일반인들이 도저히 할 수 없는, 삶과 죽음을 주관할 수 있는 법력이 있기 때문이다. 현재 달라이라마의 역사는 14대까지 전승되고 있다. 그것이 가능한 이유는 하나의 '영혼'으로 14개의 인간 '몸'으로 매번 환생했기 때문이다. 그는 자신의 의지로 열다섯 번째의 새로운 몸을 찾아 환생할 수도 있고, 멈출 수도 있다. 여자의 몸으로 태어날 수도 있고, 서양인으로 환생할 수도 있다. 그만이 결정할 수 있다.

티베트에서 영혼은 몸이 소멸한 이후에도 존재하는 본질이다. 몸이 소멸을 의미한다면 영혼은 생성을 의미한다. 영혼은 죽음과 더불어 소멸하는 것이 아니라 윤회가 끝날 때까지 인과적으로 지속되는 정신적 흐름으로 존재한다. 티베트의 수행자들은 이를 믿고 평생 동안 공부한다. 이는 자신이 사는 법과 죽는 법을 모색하는 방법이기도 하지만, 자기 존재를 확인하는 소임이기도 하다.

티베트인들은 몸의 세계보다는 정신세계에 관심이 많다. 그래서 그들은 눈에 보이는 몸보다는 보이지 않는 영혼에 천착한다. 영혼이 생명체의 핵심이라고 여기기 때문이다. 그들이 비(非)물질적인 영혼에 관심이 쏠린 이유는 무엇 하나 풍족하게 건질 수 없는 척박한 대지와 환경 속에서 삶을 유지해야 하기 때문이다. 따라서 그들은 정신에 대한 집착과 신앙의 밀도가 높을 수밖에 없다. 오늘날 우리가 확인하는 티베트의 대부분의 인문학적 유산은 그러한 바탕 속에서 형성되고 발전되어 온 것이다.

정신적인 측면들이 부각됨에 따라 티베트에는 특별한 사람들이 생겨났다. 그들이 특별한 이유는 같은 인간임에도 불구하고 온종일 불교 수행만 정진하기 때문이다. 그들은 티베트에서 경제적 · 정치적 · 종교적으로 특별한 부류로 분류되며 사람들로부터 존중과 신뢰를 받는다. 그들이 그런 특별한 위치와 권위를 부여받는 이유는 간단하다. 그들은 일반인들과는 달리 '생로병사(生老病死)'를 조절하는 능력이 있기 때문이다. 그들은 별자리를 보고 천문학을 통해 좋은 이름을 지을 수 있고, 혼인을 하려는 남녀에게는 길일을 정해 줄 수 있다. 병이 든 사람에게는 약 처방을 할 수 있으며, 죽음에 이르면 장례를 치를 수 있는 능력이 있다. 그들은 누구인가? 그들은 티베트 사원의 수행승(활불)들이다.

그들은 출가의 경력과 법력에 따라 다음과 같은 계층으로 구성된다. ① 갓 출가한 어린 동자 ② 대략 18~20년 동안 공부하여 불교학 박사 학위를 취득한 라마승 ③ 켄보(堪布, mkhan-po, 린포체) 사원 안에서 경전 공부를 담당하는 선생님 ④ 활불, 깨달음에 도달한 라마승 ⑤ 판첸라마 ⑥ 달라이라마 등이다. 이들은 모두 티베트에서 특권 계층에 속하는 사람들이라 할 수 있다. 이들 중에서 티베트인들이 가장 존경하는 인물은 역시 판첸라마와 달라이라마다. 이들은 부처의 화신이며 살아 있는 절대자로 간주되기 때문이다. 특히나 달라이라마는 매우 특별한 존재로 인식된다. 왜냐하면 그는 스스로의 법력과 에너지로 생명체에서 다른 생명체로 이동할 수 있는, 즉 '영혼의 이동'을 구현할 수 있는 특별한 존재이기 때문이다. 그들의 종교적 법력은 무한하며 그 힘은 정치력으로 순환된다. 고대 티베트가 정교합일(政敎合一)의 사회가 될 수 있었던 이유이기도 하다.

전술했듯이, 달라이라마가 티베트인들에게 가장 성스러운 존재로 인정받는 이유는 죽음에 임하여 영혼의 이동을 주관할 수 있기 때문이다. 헌 몸에서 새 몸으로 전환하는 것은 그의 강력한 무기이자 전공 분야라고 할 수 있다. 사실 이 분야는 티베트의 모든 구도자들이 주로 수양하는 부분이기도

하고 경지에 도달하기를 소망하는 것이기도 하다. 이 분야에서 제일 탁월하고 증명된 수행승이 바로 달라이라마라고 할 수 있다.

하지만 환생된 그가 전대의 달라이라마와 동일 인물인지 어떻게 알 수 있을까? 14개의 몸속으로 스며든 하나의 영혼이 정말 처음의 그것일까? 티베트에서는 이와 관련하여 전통적으로 내려오는 환생 확인 절차가 있다. 다음과 같다.

첫 번째, 달라이라마 스스로가 죽음의 임박을 감지하고 준비한다.

두 번째, 후계자를 지정하거나 자신이 환생할 지점의 방향을 수제자에게 암시한다.

세 번째, 죽음 이후 화장을 하고 탑장(塔葬)을 진행하는데, 이때 유골 수습 과정에서 환생의 징조를 남겨 둔다. 예를 들면, 뼈 잿더미 속에서 자신이 환생하는 장소의 방향을 발자국 방향으로 암시한다.

네 번째, 사리(舍利)와 환생의 방향을 암시하는 징조들을 수제자와 일련의 고승들이 수합하여 점을 친다. 환생의 방향을 찾는 것이다.

다섯 번째, 환생을 찾는 탐색단을 꾸린다.

여섯 번째, 탐색단은 점성술의 대가로부터 길조의 날을 받아 길을 떠난다.

일곱 번째, 전대 달라이라마의 죽은 시기와 태어난 아이들의 시간적 일치성을 근거로 몇 명의 아이들을 선정한다.

여덟 번째, 선정된 몇 명의 아이들을 상대로 전대의 활불(달라이라마)이 사용하던 법기와 옷, 물건들을 짚어내는 어린 동자를 선출한다.

아홉 번째, 일차적으로 환생된 아이를 선정한다.

열 번째, 부모의 동의하에 겔룩파 불교사원으로 이동하여 다시 한 번 검증을 받는다. (이때 부모가 동의하지 않으면 아이를 인도하지 못한다.)

열한 번째, 사원에서 다시 한 번 검증 작업을 마친다.

열두 번째, 최종적으로 확인되면 소활불(小活佛, 전세된 어린 영동)로 인정하고 종교적 지도자로서의 티베트 불교교육을 시작한다.

열세 번째, 대략 18~20년 동안 티베트의 전통에 따라 티베트 불교와 각종 밀교의식을 전문적으로 전수 받는다.

열네 번째, 18세 이후 성인으로 인정받고 각종 티베트 불교 시험에 통과하면 티베트의 정교(政敎)를 책임지고 전면에 나설 수 있는 기회가 주어진다.

이러한 비과학적이고 몽환적인 그들만의 환생 확인 작업은 오늘날 최첨단의 과학과 영상 기술로도 확인되었다. 바로 2009년 〈환생을 찾아서〉[7]라는 다큐멘터리 작품이다. 영상 속에서는 스승의 임종을 확인하고 화장을 치르는 과정 속에서 나타난 발자국을 보고 제자가 스승의 환생을 찾아 떠나는 긴 여정을 담고 있다. 4년 동안의 긴 탐색 끝에 자신의 스승이 어떤 어린아이의 몸으로 다시 환생을 것을 확인하고, 제자는 그 아이를 품에 안고 다시 사원으로 돌아오는 장면으로 영상은 끝을 맺는다. 제자가 어린 스승을 등에 업고 말이다. 티베트는 오늘날에도 여전히 이런 환생의 전승제도가 윤회되는 사회다.

2. 독수리의 나라

밤새 생각했다. 죽음이란 무엇일까? 죽음의 끝은 어디일까? 그리고 인간들은 왜 우리들을 위해서 매일 시체를 다지는 걸까? 또한 망자의 자식들과 형제들은 어째서 우리를 보며 두 손 모아 기도하고 고개를 조아리는 걸까?

평생을 같이 살아 왔던 부모나 형제가 죽었는데 왜 저들은 슬피 울지 않는 걸까? 밤새도록 이런 생각에 잠겼다. 하지만 의문은 꼬리에 꼬리를 물고 이어질 뿐 명확한 해답은 떠오르지 않았다.

오늘은 내가 태어나 처음으로 천장(天葬) 의식에 참여하는 날이다. 그동안 아빠와 엄마, 형 누나들에게 전해 듣기만 했던 인간의 장례식 이야기들. 이제 나도 직접 현장에서 볼 수 있고 인간의 몸을 맛볼 수 있게 된 것이다. 설레고 기대된다.

어젯밤 선생님께서 나와 친구들을 한자리에 부르셨다. 그리고 평소보다 더 엄숙하게 말씀하셨다.

내일 아침에 시체 세 구가 이곳에 올라올 예정이라고 (천장사)스님에게서 연락이 왔다. 그리고 이제 너희를 데려가도 좋다는 부모님의 동의도 받았다. 드디어 너희가 천장을 경험하고 그동안 배운 죽음의 의미를 공부하는 날이 온 것이다. 그동안 배운 것들, 생명과 죽음, 몸의 소멸과 영혼의 이동 그리고 생명체의 순환을 되새겨보길 바란다.

간단한 몇 마디였지만 내 가슴은 한동안 두근두근거렸다. 그동안 전해 듣기만 했던 천장을 직접 볼 수 있다니…. 부모님이 인간의 인육을 드시고 밤늦게 돌아오는 날이면, 나는 두 분에게 착 달라붙었다. 이때야말로 가장 생생한 인간들의 장례 이야기를 들을 수 있는 시간이기 때문이다. 날개와 입가에 여전히 비릿한 피 냄새를 풍기며 전해 주는 엄마 아빠의 생생한 장례 이야기 그리고 우리의 대장 독수리의 활약상. 그의 신호와 함께 모든 독수리들이 활기차게 날아오르는 장면, 그 속에 섞여 날개를 펄럭일 때의 짜릿함, 인육 특유의 향기 그리고 그런 우리를 조용히 응시하는 인간들의 모습들…. 나는 매번 그런 이야기를 들을 때마다 믿어지지 않았다. 왜 이곳에 사는 인간들은 시체를 우리에게 먹이로 줄까? 그리고 우리가 나타났을 때 그들의 반응과 표정은 무엇을 바라는 것일까. 선생님의 말씀으로는 인간들은 우리가 천국에서 심부름 온 영험한 동물이라고 여긴다는데 정말 우린 그런 존재들일까? 나는 사실 지금까지도 믿어지지 않는다.

오늘이 있기까지 받아 온 그간의 수업 〈죽음공부-인간에 대한 예의〉이 떠올랐다. 일주일에 한 번씩 진행됐는데 숲에서 하는 이 수업이 나는 좋다.

애들아, 이곳이 천장 터야. 인간들은 이 공간에서 죽음과 새로운 삶을 맞이한단다. 사랑하는 이들의 죽음을 확인하고 또 다른 탄생을 기원하고, 우리는 그 중간에 위치하는 매개자야. 그렇기 때문에 인간의 시체를 먹으며 단순히 배를 채운다는 생각만을 해서는 안 돼. 그건 인간에 대한 예의가 아니야. 우리는 시체를 먹어치우는 동시에 그들에게 새 삶을 주는 존재라는 점을 잊지 마.

그 이후의 수업들도 비슷한 내용이었다. 가끔 선생님들을 따라서 명상도 하는데 이것 역시 삶을 대하는 마음가짐과 다음 생에 대한 것이었다. 선생님께서는 천장과 관련된 거의 모든 것들에 대해서 친절하게 가르쳐 주셨다. 예컨대 천장사 스님이 주관하는 장례 의식의 절차와 주술사 스님이 나팔을 불 때 우리가 주의해야 할 사항, 또 시체를 먹어야 할 때와 방법, 다 먹은 후 날아가는 방향, 그리고 그 모든 과정에 있어서의 마음가짐 등이다. 또 어느 날은 부리나 발톱 그리고 날개를 어떤 식으로 사용해서 인육을 잘 발라내는지와 같은 '뭐 저런 것까지!' 하는 것들을 일일이 알려 주기도 했다. 그러나 항상 수업의 마지막에는 일관되게 강조하는 게 있는데, 그것은 시체를 우리 앞에 먹기 좋게 내놓는 인간에 대한 예의였다. 너무 좋아하지도 흥분하지도 말며, 천장사 스님의 신호가 있기 전까지는 절대로 성급히 시체에 덤벼들어 서는 안 된다는 것이었다. 그리고 다 먹은 후, 하늘로 날아가기 전에는 망자의 식구들에게 감사하다는 예의바른 표정을 지으며 날갯짓을 명랑하게 해야 한다는 것이었다. 그리고 하늘로 솟구쳐 올라갈 때는 반드시 환생을 위해 배설을 하겠노라는 의지로 하늘을 향해 힘껏 날아야 한다는 것이다.

하지만 실전에 처음으로 나가는 오늘까지도 명확하게 가르쳐 주시지 않은 것이 있다. 아니다. 이미 가르쳐 주셨는지도 모른다. 다만 내가 아직 어려서 이해하지 못했을 수도 있다. 그것은 바로 인간들이 추구하는 삶과 죽음 그리고 환생의 진리다. 그런데 왜 그런 이해가 필요할까. 죽으면 끝이 아닌가. 그 이상에 무슨 이론과 고민이 필요하단 말이지? 이런저런 생각을 하다 보니 시체가 올라온다는 시간이 다 되었다. 나는 서둘러 둥지를 나섰다.

친구들과 모이기로 한 장소는 천장을 진행하는 장소와는 조금 떨어진 언덕이었다. 하지만 그 언덕은 천장 의식과 그에 참여하는 모든 인간들을 내려다 볼 수 있는 위치였다. 대장 독수리를 필두로 우리는 언덕 이곳저곳에 자리를 잡고 앉았다. 모두들 날개를 접어둔 상태다. 대장 바로 뒤편에서 날개를 조심스럽게 펄럭이는 우리의 선생님도 보였다. 머리는 벗겨지고, 날개도 힘이 없어 보이고, 발톱도 많이 무뎌졌지만 수업시간에는 여전히 힘이 넘치는 선생님. 내 양 옆으로는 어느새 친구들이 모여들었다. 함께 있으면 수다를 떠느라 바쁜 우리들이지만 지금 이 순간에는 어느 누구도 입을 열지 않았다. 처음 보는 천장터를 내려다보는 시선이 비장하게 느껴지기까지 했다. 나도 눈치를 보며 말을 하지 않고 눈을 돌려 천장터만 응시했다.

현장의 중앙에는 천장사 스님과 그를 도와주는 4명의 제자들이 시체를 옮기고 있었고, 그 주위를 망자의 친인척들로 보이는 사람들이 둘러싼 채 시체를 지켜보고 있었다. 천장사 스님은 바쁜 듯 오가며 무언가를 준비하는 모양이고, 인간들은 제각기 묘한 표정을 짓고 있었다. 그런 인간들을 유심히 바라보았다. 누군가는 슬프게 흐느적거리고 있었고, 누군가는 고통스러운 듯 인상을 쓰고 있었다. 누군가는 무표정하였으며, 또 누군가는 이 모든 것들이 섞여 있는 것 같은 표정을 하고 있었다. 인간들에게 이렇게 다양한 표정이 있었구나 하고 생각할 즈음 천장사 스님이 드디어 시체 앞에 멈추어 섰다. 입으로 연신 무언가를 중얼거리면서. 그는 한 손에는 날카로운 갈고리를 또 다른 손에는 작은 손도끼를 들고 섰다. 선생님에게 익히 들어 알고는 있었지만 인간이 인간을 토막 내고 잘게 다지는 모습은 반복적인 동작일 뿐이었다. 순간 스님의 오른손이 허공을 가로 지른다. 무심한 듯 올라갔다 내려오는 천장사 스님의 다운스윙은 리듬과 템포가 있어 보였다. 부드럽지만 속도감이 있는 듯한 동작이었다. 이내 다리가 떨어져 나오고 팔이 잘려 나왔다. 맛있어 보인다. 몸통이 분리되고 머리가 굴렀으며, 피가 튀고 내장이 흘렀다. 침이 고인다.

옆에 있던 친구들이 고요함을 깨뜨리며 투덜거리듯 문답을 주고받았다.

"저 일을 하는 건 다 살아 있는 인간들이잖아."

"살아 있는 인간들이 죽은 인간을 가지고 저러는 이유가 뭘까?"

"내내 배운 거잖아. 환생을 기원하는 거라잖아."

"그러니까 왜 다시 태어나기를 기도하는 거냐고."

"뭘 위해서 말이야?"

"난 아직도 이해가 되질 않아…."

고개를 틀어 그 친구들을 바라보니 모두 심드렁한 얼굴들이다. 사실 나도 궁금하긴 마찬가지였다. 왜 살아 있는 인간들은 죽은 자를 기리며, 그가 또 다른 생을 연속하길 기원하는 걸까? 무슨 의미가 있을까. 태어난다 해도 또 다시 죽음을 맞이해야 할 텐데. 다시 현장으로 시선을 돌렸다. 더 이상 인간이라고 할 수 없는 모양새의 시체 토막들이 널브러져 있다.

이때 문득 선생님의 말씀이 생각났다. 시체 해부가 다 이루어지지 않았을 때 우리가 조급하게 시체를 물어 가져가면, 망자의 식구들이 놀라서 기절한다는 것이었다. 눈길을 돌려 천장사 스님을 바라보았다. 우직하게 같은 동작을 몇 시간째 하고 있다. 천장사 스님은 천장의 과정을 수행의 일부로 여긴다고 선생님께서 이야기해 주신 적이 있다. 물론 중생을 돕고자 하는 뜻도 있겠지만, 부처의 가르침을 실천하고자 하는 이타행의 목표 또한 있다고 하셨다. 이 역시 산 자가 죽은 자를 통해 생의 힘을 얻는 과정처럼 느껴졌다. 몸이 끝까지 해부되는 끔찍한 몰골을 보아야 하는 시체 해부. 고된 노동에 가까울 정도로 힘든 작업을 하며 저 스님은 무슨 생각을 할까? 혹시 그 시간 동안 스스로 세상에 존재할 이유를 찾는 것은 아닐까?

사실 인간의 시체는 우리에게는 중요한 먹이 중 하나다. 무엇 하나 영양가 있는 것이라고는 찾아볼 수 없는 황량한 이 땅에서, 우리 뱃속으로까지 들어올 수 있는 것들이 얼마나 있겠는가. 제법 양이 많을뿐더러, 힘들여 날아다니며 부리로 쪼고 발톱으로 할퀴어 사냥할 필요도 없는 인간의 시체만큼 좋은 식량도 없다. 생을 함께했던 고인이 다시 태어나는 것을 믿으며 살아갈 힘을 얻고, 죽은 중생을 도우며 속세에서의 존재 이유를 찾고, 시체를 먹으며 생명을 유지하는 우리. 어쩌면 살아 있는 생명체들은 이렇게 서로 영향을 주고받으며 살아가는 것이 아닐까.

자연이 순수를 거부하는 것처럼 말이다. '그래 죽음이라는 것이 있기에 새로운 삶이 있는 거야. 죽음은 끝이 아니고 생과 하나일지도 몰라!' 한 구의 시체가 알아보지 못하게 너덜하게 토막 났을 때, 내가 생각해 낸 실마리는 이것이다. 누군가가 죽음으로써 다른 누군가는 살게 된다. 살아 있는 자 역시 피할 수 없는 자신의 죽음을 알고 살아갈 목표와 선한 힘을 얻는 것이 아

티베트 천장의 세가지 요소는 천장터, 독수리, 천장사인데 이중 독수리는 바람이 잘 통하는 고원 위에 살고 있다. 티베트의 오색깃발 (룽다)이 있는 곳이면 가까운곳에 천장터가 있고 독수리가 있다.

닐까? 죽음을 안다고 해서, 어차피 죽을 테니 지금 당장 죽겠다고 하는 생명체는 없을 것이기 때문이다.

다시 현장을 응시했다. 시체는 어느새 잘 다져진 고깃덩어리로 변해 있었다. 피와 뼈, 그리고 살이 엉겨 붙어 검붉은 색을 띠면서 말이다. 인간의 죽음이 무엇인지 분명해지는 모습이다. 유에서 다시 무로 돌아간 몸덩어리. 천장사 스님과 그를 오랫동안 바라보는 고인의 식구들은 다소 지친 표정을 하고 있었다. 무엇하나 가릴 것 없는 뙤약볕 아래에서 오랜 시간 에너지를 쏟았기 때문일 것이다.

드디어 천장사 스님으로부터 신호가 왔다. 팔을 흔들어 보인다.

"가자! 날아올라 맛있게 먹어치우자."

기다렸다는 듯이 대장 독수리가 신호를 보냈다. 친구가 접어두었던 날개를 서서히 펄럭이며 나를 불렀다. 주위를 둘러보니 모두가 언덕 아래로 내려갈 준비를 하고 있었다. 복잡했던 생각들을 접으며 나도 긴 시간 숨겨 두었던 날갯죽지를 힘차게 펼쳤다. 이제 다시 살기 위해 죽음을 맞이한 인간의 시체를 먹으러 가는 순간이다. 이곳은 우리의 세상이다.

3. 과거를 알아보는 사람

외부인들(대부분 평지에서 올라온 사람들)은 그의 얼굴보다는 '손'을 주시한다. 그의 손에는 항상 칼과 도끼와 같은 흉측스러운 무기(?)가 들려 있기 때문이다. 그의 손은 언제나 검붉은 색을 띠고 있고, 손가락은 분홍색이나 빨간색이 군데군데 무늬져 있는데 멀리서 보면 짙은 보라색으로 보인다. 심지어 손톱 밑에까지 선분홍색이 진하게 스며 있다. 그것은 사람의 피다. 덕지덕지 스며든 핏덩이들이다. 사실 작정하고 바라보면 손뿐만 아니라 얼굴에도 군데군데 핏자국이 검버섯처럼 얼룩져 있다. 이마와 귀 밑 그리고 콧잔등에도 땀과 피가 섞여 흐르다가 마른 자국이 보인다.

얼굴은 어떠한가. 표정은 약간 화가 나 있는 듯하고 미간을 가끔 움직일 뿐이다. 눈은 그의 얼굴에서 가장 주목할 만하다. 그의 몰입과 정신을 보여주기 때문이다. 선한 것도 악한 것도 아닌 그러나 그의 눈은 산만하지 않다. 전체적으로 많이 야윈 얼굴 그러나 눈은 너무 맑아 흰자위 가운데에 영롱한 동자가 반짝인다. 척추는 꼿꼿했고 이마는 단정해 보인다. 몸 전체의 잔뼈들조차 바르고 단정한 느낌을 주고 전체적으로 인상은 애욕이 증발된 건조한 느낌이다.

그는 거의 매일 양손에 기다란 갈고리와 뭉툭한 해머를 들고, 머리카락을 완전히 깎아 파르스름한 대머리 위로 번갈아 올리고 내리고 휘휘 돌리며 춤을 춘다. 춤은 역동적이면서 유연하고 땅을 딛는 그의 발은 무겁게 고정돼 있다. 그리고 오후가 되면 석양을 바라보며 장비를 손질한다. 칼과 도끼, 해머와 낫, 장갑과 공구함 상자를 갈고 닦는다. 무뎌지면 안 되기 때문이다.

밤이 되면 해부학의 지침서들, 이를테면 『시체부분(屍體部分)』, 『활체급시측(活體及屍體測量)』, 『사부의전(四部醫典)』, 『감유리(藍琉璃)』, 『해부명등(解剖明燈)』, 『사부의전계괘도(四部醫典系列掛圖)』, 『월왕약진(月王藥診)』 등을 반복적으로 읽는다. 그리고 일주일에 두 번씩 스승님을 찾아 인간의 죽음, 몸과 영혼의 관계, 밀교적 명상, 윤회와 환생, 달과 태양 그리고 의학적 지식을 묻고 답하는 시간을 가진다. 이유는 시체를 보는 순간 또는 만지는 순간 망자의 전생을 엿보기 위함이다.

그는 어디에 살까. 죽음을 팔고 사는 곳에 산다. 바로 불교사원이다. 산언덕의 끝자락에 자기만의 수행 공간(어떤 곳은 동굴 안)을 마련해 놓고 그곳에서 그는 홀로 거주한다. 독거(獨居)다. 사원에는 죽음의 정체를 가르쳐주고 죽음 후의 길을 인도해 주고 잘 죽는 방법을 가르쳐주는 수행승들이 많다. 그들은 한평생 '죽음'을 공부하고 구도하는 요가 수행자들이다. 그래서 어떤 이들은 이곳 불교사원을 '죽음 학교'라고 부르기도 한다. 하루의 삶도 버티기 버거운데 미리 죽음을 가르치는 학교라니, 이게 무슨 말일까? 사원 안에는 죽음에 관한 모든 것이 있다. 예를 들면 죽음에 관한 경전, 선생(활불), 학생(라마승), 도구, 의례 등이다. 사원에서는 다음과 같은 일들을 한다. 첫째, 주기적으로 종교의식을 주관하고 경전을 설파한다. 둘째, 마을 주민들의 상장례에 적극적으로 관여한다. 셋째, 마을 사람들에게 종교 축제와 휴식의 공간을 제공한다. 넷째, 깨달음을 얻으려는 수도승과 이미 깨달음을 얻은 활불이 공존한다. 이렇듯 사원에 거주하는 수행승들은 마을 사람들의 희로애락(喜怒哀樂)을 책임지며 정신적 안정을 주고 치유하는 역할을 한다. 그래서 불교사원은 마을 사람들의 삶의 기준이자 생활의 중심이 된다.

그런데 이곳의 불교사원을 보노라면 화려함을 넘어서 불가사의하다는 느낌을 받을 정도로 규모나 형태가 크다. 세상에서 가장 검소하게 비물질적으로 삶을 연명하고 있는 것으로 알려진 이곳 티베트 사람들이 지었다는 불교사원은 정말 화려하고 웅장하다. 사원이면서 박물관이다. 거대한 요새다. 이걸 어떻게 생각해야 할까? 금방이라도 질식할 것 같은 희박한 공기와 암갈색의 산이 전부인 이 고원에서 어떻게 인간이 저걸 만들었을까. 누가 만들었으며 왜 지었을까? 절대 권력자에 의한 착취의 산물일까? 아닐 것이다. 한창 불교문화가 흥성할 때, 정신이 몸을 지배하고 모든 것을 장악할 때 무엇을 못하겠는가. 그러니 아마도 당시 사람들은 노역을 바치는 데에도 자발적이고 열정적이었을 것이다. 인간에게 있어서 종교적인 열정처럼 불가사의한 심연도 없지 않은가? 높고 깊은 정신문화는 물질과 계산으로 건축되

티베트 불교사원에서 공부하는 수행승들은 티베트민중들에게는 '인문학 치유사'라고 할 수 있다. 어떤 수행승은 자발적으로 혹은 사원 활불의 권유로 천장사의 책임을 맡는다. 이들은 천장의식의 육체적 고통도 타자(망자와 유족)의 슬픔을 안위하고 구원하기 위한 방편이라 생각한다.

지 않는다. 그런데 그런 곳에서 사는 그는 누구일까?

티베트에서 죽음에 관련된 종교의식을 관장하는 이 사람의 직업과 가치관으로 본다면 세상에는 두 종류의 사람이 있을 뿐이다. 즉 시체를 돌보는 사람과 시체를 맡기는 사람들이다. 이 사람은 전자의 일을 한다. 천장사, 그는 티베트의 장의사이다.

티베트인들의 보편적인 장법(葬法)은 천장이다. 그런데 이 천장이라는 장례의식은 불교사원에서 시작하여 불교사원에서 마무리된다. 왜냐하면 이 장법은 세 가지의 기본 요소가 갖추어져야 진행할 수 있는데 다음과 같은 것들이다. 첫째는 바람이 항상 부는 천장터가 있어야 한다. 두 번째는 천국의 사자라고 인정되는 독수리의 존재와 출현이다. 세 번째는 이 모든 것을 주관하는 천장사라는 장의사가 있어야 한다. 이 모든 요소를 제공하거나 혹은 장악하고 있는 기관이 불교사원이다. 사원은 대부분 하늘과 가까운 고원에 위치하고 있다. 속세와의 철저한 단절을 통해 또 다른 세상을 구현하기 위해서이다. 따라서 그곳은 고원이기에 항상 바람이 불고 주변에는 독수리가 서식한다. 무엇보다 중요한 건 사원에서 거주하는 천장사 스님이 존재한다는 것이다. 이 스님이 있어야 천장이라는 장법은 실현 가능하다.

천장사는 사원 소속으로 사원에서 거주하며 다른 수행자들과 마찬가지로 개인의 목표를 위해 수양하는 구도자이기도 하다. 그는 사원의 스승인 활불의 엄격한 지도하에 탄생한 전문적인 시체 해부사이자 장례의 심리 치유사이기도 하다. 물론 민간에서 임의로 지정된 천장사도 존재한다. 하지만 그들은 사원의 천장사보다 장례 전반에 전문적이지 못하다. 특히나 해부학적 지식은 사원의 천장사만큼 아는 이가 없다. 무엇보다 중요한 것은 사원의 천장사가 고인의 시체를 다시 환생할 수 있도록 도와주는 종교적인 역할을 수행한다는 것이다. 따라서 그는 죽음과 죽음의식에 대한 이론과 경험이 풍부한 현장 전문가이다. 그래서 티베트인들은 그를 찾아가 천장을 요청한다. 여기에는 한 인간으로서 그를 신뢰하고 존중하는 점도 작용한다.

천장사는 자유로우나 고독한 사람이다. 가족과 인연을 끊고 혼자 수행하는 사람이기 때문이다. 자유는 철저하게 고독과 책임을 동반한다. 따라서 자유로운 사람은 고독을 받아들여야만 한다. 그는 속(俗)과 성(聖)의 경계에 서 있는 사람이다. 하루의 반은 속세의 사람들과 함께하며 하루의 반은 사원의 수행 방에서 사는 사람이다. 경계에 서 있는 사람은 안전하지 않다. 경계의 양쪽에 발을 딛고 있기 때문이다. 어디에도 속하지 않기 때문이다. 그렇기 때문에 이런 사람은 늘 긴장하고 민감하게 살 수밖에 없다. 그래야 몸과 마음의 주인으로 살 수 있기 때문이다.

천장사들 중에서 법력이 높은 스님은 죽은 시체를 보고 만져보면 전생의 업(業)을 감지할 수 있다. 이런 능력에 도달하는 것은 모든 천장사들의 소망이기도 하다. 그런데 이 정도의 능력에 도달하려면 많은 노력과 체험이 필요하며 절대적으로 스승이 필요하다. 스승의 도움 없이 이 경지에 이르기는 불가능하다.

이미 죽은 인간의 과거를 들여다보는 일이 무슨 의미가 있을까. 재미일까, 호기심일까, 아님 법력의 자랑일까? 어느 것도 아닐 것이다. 티베트에서 천장사가 고인의 과거를 감지하려는 것은 그가 생전에 쌓아 놓은 선업(善業) 또는 악업(惡業)을 분별하여 거기에 합당한 장례 방법과 형식을 결정하기 위한 것이다. 따라서 그가 하는 일, 천장은 의미 있는 하나의 직업이 될 수 있다. 개인적으로 몰입을 할 수 있는 시간이 주어지고, 의미를 부여할 수 있고, 더불어 사람들로부터 존중과 신뢰를 받을 수 있다면, 그것은 즐겁고 행복한 일이다. 물질적으로 풍족하고 아는 것이 많다고 해서 반드시 행복하지는 않다. 그런 면에서 티베트의 천장사는 세상에서 하나밖에 없는 소임을 수행하는 하늘 위의 장의사라 할 수 있다.

4. 자살 없는 사회

물질과 쾌락을 추구하며 사는 사람들에게 과정과 노력은 관심의 대상이 되지 못한다. 오로지 눈에 보이는 결과만 집착할 뿐이다. 여기서 말하는 결과란 재화의 축적, 명예와 지위의 상승, 상품과 부동산의 확장 등을 말한다. 즉 물질적인 것이 숫자로 확대되고 부피가 늘어나는 것이다. 그러나 이런 것을 추구하는 사람들의 끝은 언제나 권태로움에 빠진다는 것이다. 소유의 극대화를 추구하기 때문이다. 소유의 특징은 잠시 충족감을 준 뒤에 일정한 시간이 지나면 이내 권태로 이어지게 된다는 것이다. 물질에 대한 소유, 인간에 대한 소유 모두 다 그러하다. 그러한 결과로서의 권태는 더 큰 결핍을 제공하고, 좀 더 큰 소유로 해갈을 맛보려 한다. 사람들은 이러한 소유 확장의 무한 과정 혹은 순환을 행복이라 여긴다.

물질의 축적을 추구하는 사회와 사람은 권태와 소유의 윤회 속에서 벗어날 길이 없다. 크든 작든 간에 얼마간의 소유를 경험하면 잠시 동안은 즐겁고 행복하다고 느낀다. 쾌감이 동반되기 때문이다. 반대로 이 순환의 고리(권태 - 소유 - 쾌감 - 행복 - 권태)에서 탈락한 사람들 혹은 이탈한 사람들은 공통적으로 우울한 기분을 경험한다. 그리고 그 우울의 끝은 종종 자살로 이어지기도 한다. 극단의 자살이나 충동적 행동이 아니더라도 그에 못지않은 위험한 병들이 즐비하게 따라온다. 각종 암, 치매, 고혈압, 당뇨, 화병, 정신적 스트레스 등이다. 목이 마를 때 갈증을 해소하는 방법은 간단하다. 순간적인 맛과 쾌감이 없는, 물을 마시면 된다. 물의 특성이자 장점은 바로 맛이 없다는 것이다. 그렇기 때문에 매일 마셔도 질리지 않는 것이다. 그런데 사람들은 물 대신 술이나 달콤한 갖가지 음료수를 찾는다. 그것들은 갈증만 더할뿐 근원적인 목마름은 해결해 주지 못한다. 목이 마를 때는 그저 물을 마시면 된다는 진리를 모르고 살아가는 사람들, 이것이 오늘날 우리의 모습이다.

티베트에는 없는 것이 많지만 그중 세 가지는 우리가 살펴볼 만하다. 바로 우울증, 자살, 정신병원이다. 왜 그럴까? 그것은 위에서 말한 권태와 쾌락의 순환이 없기 때문이다. 욕심과 야망이 우리보다 적기 때문이다. 그들이라고 왜 소유욕이 없겠는가? 마음에 불꽃이 일 만한 제반 환경이 충족되지 않으니 원초적으로 포기한 것일 수도 있다. 그들에게 현실적인 소망이고 욕망이라면 그저 인간으로의 생존과 종족의 번식이다. 우리가 말하는 '발전'이라는 것이 없는 공간과 환경에서 무언가를 소유한다는 것은 매우 어렵다. 따라서 티베트인들은 권태로울 시간이 없다. 그저 생존을 위해 끊임없이 움직여야 하고 기도할 뿐이다.

티베트의 심장 라싸 색랍(色拉) 사원에서 온몸으로 절을 하고 있는 어느 티베트 여인에게 물었다.

"티베트에서 자살을 하거나 그런 사례를 들어 본적이 있나요?"

"혹시 삶이 고통스러워 자살을 시도하는 사람들이 있다면 어떻게 생각 하시나요?"

절을 하고 있던 그 여인은 처음에는 무슨 말인지 몰라 어리둥절하더니 이내 의미를 알아차리고 다음과 같이 대답했다.

"자살이요? 들어보지 못했습니다. 여기서는 그런 거 없는 거 같아요 … 저는 죽음이라는 것이 없다고 생각합니다 … 죽으면 곧 다시 생인데 왜 스스로 목숨을 끊나요 … 여기서는 힘들고 지치면 사원에 가거나 기도와 반성을 통해서 영혼의 정화를 추구할 뿐 스스로 목숨을 끊지는 않습니다."

인간에게는 근본적으로 '생(生)의 충동'이 클까, 아니면 '죽음(死)의 충동'이 클까? 여기서 충동은 본능과도 대체될 수 있는 의미를 가지고 있다. 다윈의 진화론적 관점에서 본다면 살고자 하는 본능이 더 클 것이다. 하지만 죽음에 대한 충동도 만만치 않다. 죽음에 특유의 매력이 있기 때문이다. 어쩌면 인간의 본능은 이중성(삶과 죽음)을 동시에 가지고 있을지도 모른다. 죽음은 두렵기도 하지만 동시에 사람에 따라서는 쾌감일 수도 있다.[8] 짧은 시간 내에 극도의 감각적 전이가 수반되기 때문이다. 물속으로 뛰어내릴 때, 다량의 수면제를 복용할 때, 섹스의 절정에 다다를 때 공포와 쾌락의 감각은 동시에 수반될 수 있다. 자살은 어떤 순간 감각의 노예로 사로잡힐 때 더욱 더 폭발적으로 발동할 수 있다. 그러니까 삶의 절망 속에서 오랫동안 준비한 자살이 있다면, 유혹적인 감각의 세계에 빠져들었을 때 자살은 가능하다는 것이다. 따라서 인간은 생동하는 본능이 있는 반면 자살이라는 쾌감의 욕망도 있을 수 있다. 살인도 감각적인 면이 많이 작동한다. 그 안에는 격렬함과 폭력성이 내재한다. 격렬함과 폭력성은 언젠가는 분출된다는 특성을 가지고 있다. 그러나 사람들이 살인보다 자살을 선호한다면 그건 살인보다 자살이 더 간편한 방법이기 때문일 것이다. 자살은 '결정적인 순간'을 잘 넘기면 일단 위기는 모면할 수 있고 유보될 수 있다는 약점이자 장점이 있다. 따라서 자살은 인간의 내부에 잠재하고 있는 그 격렬함과 폭력성을 차단하거나 배양하지 못하게 하는 것이 예방의 한 방법이 될 수 있다. 생각해 보면 자살을 한 사람들도 사실은 살고 싶었을 것이다. 삶의 또 다른 방법으로 자살을 선택했을 수 있다. 다만 그가 살고자 시도하는 자살이라는 방법이 극단적 표현 수단임을 미리 알았더라면 더 좋았을 것이다.

우리가 말하는 '자살'은 인간의 행동 중에서 가장 이해하기 어렵고 복잡한 동기를 가진 행동의 하나다. 한 인간의 자살에는 의학(육체적 질병과 정신질환) · 정치 · 종교 · 사회적 요인과 문화 · 심리적 상태 등의 복합적 요소가 혼재하고 있기 때문이다. 생각해 보면 자살의 원인은 자신의 욕망과도 관계가 있고, 삶에 대한 환멸 때문일 수도 있고, 질병이나 육신의 괴로움에서 벗어나고자 하는 것일 수도 있고, 죽음에 대한 두려움으로 미리 생을 마감하고자 할 때도 있다. 그리고 인생을 계속하고픈 의욕이 상실될 때(사업 실패, 빈곤)도 자살한다.

이러한 면들을 짚어 볼 때, 티베트가 자살이 없는 사회가 된 것은 어쩌면 그들이 사는 세상이 격렬하지 않은, 충동적이지 않은, 감각의 쾌락을 추구하지 않는 인문학적 환경이 조성되었기 때문이 아닐까.

자연을 무서워하는 삶

사람이 살아야 한다는 것이 얼마나 서럽고도 서러운 업일까. 티베트의 원시적인 생존 환경은 이 서러운 업을 적나라하게 보여준다. 알렉산드라 다비드 넬(Alexandra David Neel, 1868~1969)은 프랑스인 여성으로서는 처음으로 인도 여행을 시작으로 1890년 티베트에 진입한 여성으로 전해지고 있다. 그녀는 그때의 경험을 바탕으로 저술한 『영혼의 도시, 라싸로 가는 길』(1927)과 『티베트 마법의 서』(1929)에서 티베트가 얼마나 험악한 공간인지를 실감나게 설명하고 있다. 한 장면을 살펴보자.

티베트에서 해발 5,580미터나 되는 험악한 고개를 한밤중에 넘어야 했던 다비드 넬과 그의 양자 용덴은 무서운 적을 만났다. 바로 한밤의 추위와 공포였다. 뼈를 파고드는 추위를 피하고자 그(용덴)는 불을 피우려 했으나 결국 불을 피울 수가 없었다. 그는 추운 몸을 이기고자 달리고 껑충껑충 뛰어 보았다. 하지만 소용이 없었다. 이를 보고 있던 다비드 넬은 한겨울 눈 위에 앉아 미동도 하지 않은 채 며칠 밤을 계속하여 참선에만 몰두했던 티베트 고승들을 생각해 냈다. 그들에게 추위를 견디는 명상을 배운 적이 있다. 결국 그녀는 참선을 시작했고 라마승에게 배운 투모(tumo) 명상에 집중했다. 서서히 모든 잡념이 사라지기 시작했다. 몸은 점점 뜨거워짐을 느끼고 감미롭고 편안한 느낌이 전신에 몰려왔다.[9]

여기서 말하는 '투모'란 '내면의 열기'라 부르는 티베트 수행승들의 명상 호흡법의 일종이다. 수련법은 여러 단계의 깊은 명상과 호흡 그리고 신체 수련을 거친 후에 깊은 심상의 단계에 진입하는 것이다. 예를 들면, 양 손바닥이나 발바닥 그리고 배꼽 아래에 태양이 깃든 것을 상상하는 것이다. 이러한 이미지 훈련은 배꼽 아래에 있는 태양을 자극하고, 온몸을 온기로 가득하게 채우게 된다는 것이다. 이런 신체 수행과 훈련이 없이는 히말라야의 찬 기운을 당해낼 수 가 없다. 실지로 티베트는 하루에도 사계절(봄, 여름, 가을, 겨울)이 있고 여름인데도 눈이 내리는 지역이 있다. 따라서 삭막함, 황량함, 광활함, 원시적이란 측면에서 보자면 티베트의 공간과 자연은 어떤 풍경보다도 압도적이다. 평지와 전혀 다른 하늘과 땅의 기운을 가지고 있으며 산소가 부족하고 공기는 늘 건조하다.

이와 관련하여 일본인 학자 야마구치 즈이호는 그의 저서 『티베트 불교사』에서 티베트 사회의 특색을 크게 다음 세 가지로 제시하였다. 첫째는 봉쇄성이고 둘째는 비(非)문화성, 셋째가 빈곤이다. 그런데 이러한 특성은 결국 "티베트의 공간적 특수성에서 왔다"는 것이 그의 결론이다. 더불어 그는 티베트의 폐쇄성에 관하여 다소 독특한 견해를 제시했다. 대다수 학자들이 제기했던 지리적인 자연환경의 요인보다 그는 티베트의 '폐쇄성'을 부채질

한 것은, 18세기 이후 세계 각국이 근대화에 박차를 가하고 있을 무렵 티베트는 중국에 예속되어 근대사회로 전환하기가 쉽지 않았을뿐더러, 13대 달라이라마인 '걀와툽텐갸초'(Tubten Gyatso, 1876-1933)가 즉위한 이후, 그의 의지와 정책에 따라 형편에 맞는 특정 국가하고만 친교를 맺는 '쇄국정책'을 펴왔기 때문이라고 주장하였다.

지구상의 모든 생명체 가운데 아마도 인간만이 자연의 질서와 유기적 균형 상태를 인위적으로 파괴하는 유일한 생물적 존재일 것이다. 이렇게 생각하는 이유는 자연은 스스로 하는 일을 측정할 수 있는 척도를 갖고 있지 않은 데 비해, 인간은 자신의 기준으로 자연을 마음대로 측정하고 처리해 버리는 경향을 가지고 있기 때문이다. 하지만 티베트에서는 그런 일이 좀처럼 일어나지 않는다. 티베트인들은 자연을 무서워하고 성스러운 대상으로 생각하기 때문이다.

언제나 황량한 자연과 더불어 사는 티베트인들은 자연을 무심한 듯 쳐다보지만 속으로는 무서워한다. 겉으로는 무심해 보이나 모든 것을 내려다보고 인간이 하고 있는 모든 언행과 속마음을 알고 있는 것처럼 아무런 말이 없는 하늘과 나무, 호수, 돌, 초원, 대지를 두려워한다. 자연은 말이 없고 어떤 예견된 조짐도 보여주지 않는다. 그러다 어느 날 예고도 없이 홍수를 일으키고 큰 돌이 떨어지고 하늘에서 벼락과 비가 내린다. 이런 자연의 경고를 받으며 인간은 결국 두려움을 일으킨다. 이 두려움은 어찌 할 수가 없다. 그저 자연의 눈치를 보는 수밖에 없다. 티베트인들은 그런 자연을 절대자처럼 떠받쳐 왔다.

지구상에 존재하는 생명체 중에서 중 가장 풍부하고 절묘한 표정을 짓는 것은 인간의 얼굴이 아니라 서로 엉켜 있는 자연의 모습이다. 외부의 시각으로 보면, 티베트의 지형과 생존환경은 인간이 살아가기에 매우 부적합한

문명의 조건이 결핍된 티베트 자연환경은 사람들에게 많은 교훈을
선사한다. 결핍이 주는 선물 그것은 겸손과 감사를 가르쳐준다. 또한
자연이 순수를 거부하는 것처럼 인간도 홀로 살 수 없고 타자와의
생동적인 접촉과 어울림속에서 공생해야 함을 가르쳐준다.

것으로 보일 수 있다. 스쳐 지나가며 보면 누구나 그렇게 생각할 것이다. 그런데 티베트에서 자연은 정말 인간의 삶을 방해하고 괴롭히는 요인일까? 즉 기후, 질병, 부족한 산림과 비, 건조한 기온들은 티베트인들에게 무익하기만 한 것일까? 오늘날 티베트의 문화 유산과 정신적 유산을 이야기할 때, 빼놓을 수 없는 중요한 두 가지 요소가 있는데 그것은 바로 환경과 종교다. 특히 티베트 자연환경의 특수성이 그곳에서 사는 사람들로 하여금 어떤 방식의 삶을 영위하면서 환경에 적응해 나가는가, 그리고 그러한 적응의 결과가 어떤 문화적 독자성을 확보해 주는가 하는 점은 주목을 요한다. 뒷부분에서 서술하겠지만, 특히나 티베트의 상장례(喪葬禮)의식은 이 요소와 매우 긴밀한 연관을 맺고 있다. 따라서 외부세계에서 티베트를 내면적으로 이해하려 할 때, 가장 먼저 진지하게 접근해야 되는 부분이 자연과 그로부터 태동한 종교다. 이 두 가지 뿌리가 고대로부터 오늘날까지 티베트인들의 정체성을 행성하였으며, 그들의 제도와 문화를 구축했고, 무엇보다도 그들의 삶이 정신적 영역에 천착하게 된 결정적 역할을 했음을 부인할 수 없다.

티베트에서 자연은 권위의 원천이자 종종 포괄적인 역사적 판단이 내려지던 대상으로 볼 수 있다. 따라서 티베트인들을 감싼 황량한 혹은 아름다운 환경은 제도와 문화 심지어 티베트인들의 심미적 인식마저 바꾸어 놓을 수 있는 가장 강력한 동력으로 볼 수 있다.

티베트인들은 분석적이거나 이성적이지 않다. 그 이유는 그들이 접하는 자연을 살펴보면 가능할 수 있다. 투박하고 울퉁불퉁한 길, 정리되지 않은 산림, 창백하고 울창하지 않은 나무, 말기암에 걸려 죽을 날짜를 기다리는 환자의 얼굴과 같은 산색(山色), 단조롭고 넓은 초원, 파도가 치는 호수, 괴물같이 거대한 돌, 나이를 측정할 수 없는 거대한 나무 그리고 이 모든 것을 압도하는 설산…. 이것들이 티베트의 자연이다. 티베트인들은 이 자연이 순환하는 법칙을 매일 확인하며 살아간다. 여름과 겨울의 확연한 차이를 느끼며 한여름 속에서도 겨울이 있음을 깨닫고 하루에도 사계절이 오고 감을 느낀다. 그 속에서 티베트인들은 인간의 예측과 측량이 아무 의미 없음을 알아차려 버렸다. 자연과 환경은 매우 규칙적이고 일정한 질서가 있음에도 불구하고 종종 예상을 빗나가게 하는 경우가 있음을 알아 버린 것이다.

그래서 티베트인들은 직선보다는 곡선의 돌아가는 삶을 선택했다. 곡선의 삶은 빠른 삶과 지름길이 필요없기 때문이다. 무엇을 정복하거나 성취할 필요가 없다. 하루 중에 야크 똥을 줍는 일이 제일 중요하고, 야크와 잘 공생해서 추위와 식량을 확보하는 일만 성공하면 된다. 그렇기때문에 초원에서 야크와 양은 잘빠진 오토바이나 자전거보다도 더 유용하고 사랑을 받는다. 곡선의 삶은 시계와 달력이 필요없다. 그저 아침에 태양이 떠오르면 일어나서 움직이고 날이 어두워지면 휴식을 취하면 된다. 시간에 맞추려고 발을 동동 구르며 애를 태울 일이 없다. 대신 몸으로 산다. 하루종일 걷고 또 걷는다. 걸으며 자연 속에서 나오는, 태양이 발하는 색과 빛의 영양분을 흠뻑 마신다. 그렇게 자연에 스스로의 몸을 맡기고 살아간다.

누군가의 말처럼 우리의 일상은 성인이 되어서도 목을 가눌 수 없는 갓난아기와도 같다. 겉으로 보기에는 꽤 안정된 직장에서 매달 월급을 받고 근사한 레스토랑에서 아내의 따뜻한 시선을 받으며 아이들에게 고기를 챙겨주는 남자도, 한 손에는 명품 지갑을 들고 다른 한 손에는 테이크아웃 커피를 들고 악어껍질로 만든 새로 나온 부츠를 신고 우아하게 걸어가는 여자도, 모두 내면적으로는 자고 있는 아기와 같다는 것이다. 자고 있는 아기는 평온히 아무런 고민 없이 자는 듯 보이지만 언제나 돌연사의 위험을 안고 있는 아기일 뿐이다. 혹여나 제멋대로 두었다가는 목이 꺾이거나 침대에서 굴러 다리가 부러지거나, 언제든 얼굴이 이불에 처박혀 질식사할 수 있는 무기력한 존재인 것이다. 그러니 계속 돌보지 않을 수 없다. 돌연사의 위험은 나이를 먹고 육체적으로 성숙한 인간도 마찬가지다. 누군가 지켜보지 않으면 아침에 양치질을 하다가도, 밥을 먹다가도, 평범히 걸어가다가도, 따뜻하게 샤워를 하다가도 위험한 지경에 빠질 수 있다. 이런 인간을 인간이 지켜야 하고 돌봐야 하지만 무심한 자연이 돌보기도 하고 치유도 한다면 믿을 수 있을까. 티베트에서는 이것이 가능하다.

의미 있게 몰입하는 삶

인간에게 기도(주술과 의례를 포함하는)는 어떤 때 필요한가? 결핍을 더 이상 감당할 수 없을 때, 또는 이루고자 하는 소망이 간절할 때 기도는 두드러진다. 부족하다고 느끼지 않는다면 기도와 거기에 상응하는 주술, 그리고 낙관적인 상상은 그리 심각하게 요구되지 않는다. 생존을 위해 필수불가결한 조건들이 충족되지 못할 때 인간은 간절한 기원과 거기에 상응하는 행위를 창조해 낸다.

티베트는 부족과 결핍의 사회다. 인간 삶의 기본 중의 기본이라 할 공기마저도 부족하다. 우리들이야 공기 부족한 줄 모르고 심지어 더 좋은 공기를 찾아서 전원 속에 집을 지어 텃밭 만들고 아이들을 뛰놀게 하고 싶어 하지만, 고원에 사는 티베트인들에게는 우리가 늘 마시는 공기가 60%밖에 제공되지 않는다. 사실 공기보다 중요한 것은 없다. 인간은 물론 살아 있는 것은 무엇이든 일분일초도 공기를 호흡하지 않고는 살 수 없는 법 아니던가. 공기 없이 인간이 어디 한 시간이나 버틸 수 있을까. 반면 티베트인들은 공기 소중한 줄 안다. 부족하기 때문에 그것의 중요함을 잘 안다. 그래서 늘 기도를 한다. 부족하지만 그래도 살 수 있게 해 달라고 말이다.

티베트인들은 몸으로 기도(오체투지)를 하고 말로도 기도를 한다. 그들이 쓰는 언어는 주술적인 힘이 강하다. 살펴보면 티베트인들이 사는 마을 어귀 혹은 벗어나는 길목에는 여지없이 둥글고 넓적한 돌무더기가 쌓여 있다. 바로 마니석(Marnyi Stone, 경전의 글귀나 진언을 적어 놓은 돌)이다. 그 돌에는 6자 진언(六字眞言)이 진하게 새겨져 있는데 내용은 '옴마니밧메홈(唵麼抳鉢銘吽)'이다. 여기서 옴은 우주, 마니는 지혜, 밧메는 자비, 홈은 마음이다. 그래서 옴마니밧메홈은 '우주의 지혜와 자비가 마음에 깃들기를 바람'이라는 뜻이다. 이를 하루종일 입속말로 떠들면 그야말로 '평화가 온다'고 티베트인들은 믿는다. 사실 따지고 보면 인간이 구사하는 모든 언어는 주술이라 할 수 있다. 언어의 마디마디가 리듬을 타고 있으며 우주의 주파수와 관련이 있기 때문이다. 티베트어는 이를 가장 상징적으로 보여주는 신호 체계 중의 하나이다. 언어가 곧 우주의 주파수인 것이다.

티베트인들은 문자보다 소리에 집중했다. 티베트의 문자[10]는 8세기 이후에 생겨난 것이고 소리는 그 이전부터 존재했다. 오늘날까지도 그들만의 티베트 밀법을 전해 주는 방식은 문헌이나 문자보다는 일대일의 소리 또는 집단 암송에 의한 전승을 고집하고 있다. 이것은 사제지간 학습의 가장 좋은 방법이기 때문이다. 소리는 시간과 공간을 초월하는 힘과 생명력을 가지고 있기 때문이다. 어려운 불경도 일단 소리로 시작하면 쉽게 공부할 수 있고 전달이 용이하다.

앞서 설명했듯이, 인간이 본능적으로 느끼는 외로움과 두려움은 종교를 탄생케 했다. 이는 종교가 인간의 고독함과 두려움을 먹고 성장하기 때문이다. 여러 가지 두려움 중에서도 '죽음'은 가장 강한 두려움이자 불안의 원천이다. 준비할 수 없고 예측할 수 없기 때문이다.

티베트의 척박한 생존환경 속에서 인간은 처절하게 생존을 유지하고 번식을 하기 위해 사투를 벌여왔다. 그속에서 원시적인 주술과 의례는 태동하기 시작했고, 결국 티베트 스타일의 불교라는 종교를 구축했다.

티베트는 지리적으로 보면 불교의 발상지인 인도, 네팔의 바로 북쪽에 위치하고 있다. 네팔의 동쪽에는 시킴과 부탄이 있어 티베트 문화권의 남부를 형성하고 있으며, 티베트의 서쪽은 라다크를 따라서 캐시미르와 접하고 있다. 따라서 티베트인들은 고대로부터 자연스럽게 이 인도와 네팔로부터 불교를 수용·습득할 수 있었다.

초창기 티베트의 종교는 샤머니즘 성격이 강한 본교(本敎)였다. '본'이란 티베트어로 '외치는 사람' 또는 '신을 부르는 사람'이란 뜻이 있다. 이 본교의 샤먼(Shaman)은 검은 모자를 쓰고 북을 치면서 인간에게 폭풍우와 질병 등의 재앙을 가져다주는 악마와 싸움을 벌이다가 마지막에는 자신의 요술그물로 악마를 격퇴하는 능력을 가진 자이다.

그는 또한 공중으로 단박에 높이 솟구쳐 올라가서는 눈 덮인 산에 살고 있는 신들의 계시를 구하고, 그 계시를 어떤 신물(神物)이 자기에게 접했다고 생각하는 빙의(憑依) 상태에서 사람들에게 전달해 주곤 한다. 그(샤먼)는 신과 인간의 접속자이다.

티베트의 종교는 초창기 샤머니즘의 성격의 본교가 성행했으나 8세기 이후 인도에서 불교가 전파된 주류로 정착했다. 이는 티베트 종교문화가 원시 종교인 본교로 시작했다가 최종적으로 티베트 불교(藏傳佛敎)로 완성되었음을 의미한다. 하지만 원시적인 본교의 주술과 경전의 내용이 완전히 사라진 것은 아니다. 민간신앙인 본교를 완전히 배제하고는 티베트인들의 마음을 얻을 수 없었으며 새로운 종교인 불교가 자리 잡을 수는 없었다. 따라서 티베트 불교는 오늘날로 보면 융합의 종교라고 볼 수 있다.

티베트 불교에서는 '윤회'와 '환생'을 중요시한다. 그런데 이것을 공부하고 전수하는 방법은 전통적으로 일대일의 구전(口傳)을 통해서 이루어졌다.

구전, 즉 소리를 통해서 전수가 가능한 이유는 티베트의 고승들이 현상의 소리가 아닌 '내면의 소리'를 추구하였기 때문이다. 따라서 눈으로 확인하고 기억하고 전승하는 문자나 문헌보다 더욱 깊고 오랜 생명력을 가질 수 있었다. 이것은 오늘날까지 이어지는 티베트 수행자들의 전통적인 공부 방법이다. 스승과 제자가 하나 되는 유효한 방법인 것이다.

하지만 일반 티베트인들은 불교 공부를 이렇게 생동적으로 하지 못한다. 그래서 그들은 그들만의 소박한 방법으로 삶을 종교적으로 보낸다. 아침과 저녁에는 신에 대한 예배를 올리고 간단한 오체투지를 한다. 오체투지는 그들이 주로 하는 기도 방식인데, 집중적인 몸과 마음의 헌신과 몰입으로 볼 수 있다. 몸과 마음을 바닥에 내려놓고 욕심 부린 것이 있다면 용서를 비는 것이다. 어제 악업을 저질렀으면 오늘 용서를 비는 것이다. 그리고 선업을 쌓으려 애쓴다.

기도의 특징은 몰입이다. '몰입(flow)'은 한 가지 일에 완전히 몰두해 자기에 대한 의식조차 사라지고 시간과 공간에 대한 의식이 없어지는 경지를 말한다. 그러면 몰입은 어떠한 상태에서 이루어지는가? 대부분 '분명한 목표와 규칙이 있는 활동'을 할 때 경험하게 된다. 몰입을 경험하기 위해서는 그 일을 해 낼 수 있는 실력이 필요하고, 그 일이 적정한 수준의 난이도를 가지고 있어야 한다. 예를 들어 잠자기, 그냥 쉬기, 커피 마시기, 티브이 보기 등은 몰입하기가 쉽지 않다. 왜냐하면 그런 일에는 뚜렷한 목표나 절차가 필요하지 않기 때문이다. 몰입이 되지 않는 일들은 대부분 몸이 무기력해지거나 정신이 비대해진다는 특징을 가지고 있다. 반면에 운동, 등산, 붓글씨, 바둑 두기, 책 읽기 등은 몰입의 경험을 쉽게 가져다 줄 수 있다.[11] 왜냐하면 이런 일들은 딴 생각을 넘나들지 못하기 때문이다.

사람들은 하루의 약 47%를 딴 생각을 하며 보낸다고 한다. 음악(피아노, 첼

티베트에는 불교와 관련된 유적과 유물, 경전 등이 많다. 그중 사원의 불탑은 어딜가나 볼 수 있는데 이것은 사람들로 하여금 심리적으로 위안과 행복을 주는 역활을 한다. 즉 사람들은 마음이 불안하거나 슬플 때면 가까운 불탑을 찾아 기도하고 걷곤하는데 이는 명상과 다름없는 몰입의 효과를 준다. 따라서 티베트인들은 사원을 찾고 불탑을 따라서 걷는 것을 행복해 한다.

로, 바이올린) 하는 사람들이 몰입하는 표정을 지켜보면 그들은 하나같이 '나'라는 자신을 잊어버린 듯한 얼굴이다. 따라서 얼굴 표정을 보면 몰입하는지 가늠이 된다. 몰입하면 재미를 느낄 뿐 아니라 돈, 권력, 명예 등의 외적인 조건을 완전히 잊을 수 있다. 내적인 목적과 가치에 집중하게 되기 때문이다. 몰입하는 사람들은 생각과 행동에 자신감이 있고 쉽게 흔들리지 않는다. 또한 몰입은 자긍심과 의지를 성장시킨다. 따라서 '몰입'은 불안한 정신이 자라나지 못하게 하는 최고의 처방이 될 수 있다.

몰입하는 삶의 즐거움은 무엇일까? 그것은 집중할 수 있는 마음을 통해서 행복감을 느낄 수 있다는 것이다. 행복은 어떤 일에 완전히 몰입하는 경험에서 찾아오기 때문이다. 그것은 요리할 때일 수도, 산에 오를 때일 수도, 책을 읽는 때일 수도 있다. 자신이 몰입할 수 있는 일을 찾는 것. 그리고 그 상태를 자주 경험하는 것이 중요하다. 무엇보다 몰입은 인간이 느끼는 근본적인 두려움에서 벗어나는 방도가 될 수 있다. 그런 면에서 티베트인들은 매일 몰입하는 삶을 살고 있다. 의미 있게 몰입하는 삶, 티베트인들에게 그것은 간단하다. 매일 기도하며 단순하게 사는 것이다. 티베트 사람들은 그렇게 산다.

몸으로 사는 삶

저기, 형체를 알아볼 수 없는 세 사람이 기어간다. 차디찬 바닥에 몸을 붙이고 사람이 지렁이처럼 기어간다. 반복된 동작으로 땅바닥에 붙어가는 그들의 이목구비는 좀처럼 구분이 되지 않는다. 생기 없는 푸석한 얼굴, 두 손에는 말(馬)밥굽 같은 거친 장갑이 끼워져 있다. 얼굴에서 비쳐나오는 표정은 황량한 외로움 그 자체다. 저것은 끝이 없는 탐욕으로 인한 외로움이 아니라, 세상으로부터 외면당하는 느낌을 받았을 때의 정신적 외로움 같은 것이다. 석양이 내려앉을 때까지 지렁이 같은 인간들은 느리게 전진만 할 뿐이다. '느리게'라고 하지만 게으름의 그것은 아니다. 그들은 그렇게 하루종일 땅바닥을 의지하며 기어간다. 몸이 바닥이 되고, 바닥이 몸의 일부가 된 것처럼 말이다. 무엇이 그들로 하여금 손과 발이 동물의 그것이 되도록 기어가게 만들었을까. 저들의 절실한 몸짓은 무엇을 의미하는가. 온종일 습격하듯 찾아오는 몸의 통증을 감내하며 저들은 무엇을 기원하는 것일까. 사는 게 맥이 없이 시들시들하고, 구질구질하고 답답한 사람들에게 저들의 몸짓과 표정은 뭉클하기도 하고, 뭔가가 무너져 버리는 기분을 안겨준다. 보는 이조차 곤충의 촉각처럼 모든 감각이 예민해지게 만드는 저들의 몸의 순례, 그것은 바로 오체투지다. 죽음조차 꼴깍 삼킨다는 티베트인들의 오체투지!

2007년(9월 5일~11월 25일) KBS1 〈인사이트 아시아: 차마고도(茶马古道, Ancient Tea Route)〉편[12]에서는 중국 사천성(四川省)에서 티베트의 수도 라싸(Lhasa)까지 총 2,100km에 달하는 거리를 몸으로 기어가는 티베트인 세 사람을 보여주었다. 이 세상에서 가장 처절하고 간망(懇望)하게 몸으로 하는 기도, 오체투지다. "왜 저렇게 무모하게 몸을 혹사할까?" "저런다고 소망이 이루어질까?" 화면 속의 티베트인들은 한 치의 요령도 없이 그들의 몸의 순례를 고집스럽게 추구한다. 간혹 그들 옆으로 시원하고 빠르게 달리는 트럭이 나올때면 바닥에 붙은 그들의 몸은 더욱 가련하고 작아 보인다.

화면 속에서 티베트인들이 가는 오체투지 경로는 고대의 차마고도, 바로 그 길이었다. 과거 티베트의 말(소금 포함)과 중국의 차(茶)가 서로 오고 갔던 중국 서남 실크로드 무역의 길이자 동양과 서양을 이어 주던 문명 교류의 길이다. 하지만 자아의 본질을 찾아 떠나는 사람들에게는 지극한 순례의 길이기도 했다. 따라서 극심한 육체적 정신적 고통이 수반되지 않을 리 없다. 그럼에도 불구하고 그들은 목숨을 걸고 차디찬 바닥에 몸을 내던진다. 마치 인간의 온기로 차디찬 대지를 껴안듯이 말이다.

인간의 몸을 이용한 운동 중에서 가장 기본이 되는 것은 무엇일까? 줄넘기일까. 아니다 두 발로 걷는 것이다. 두발로 걷는다는 것, 사실 이 단순한 동작은 문명 세계에서보다는 티베트에서 빛을 발한다. 걷는다는 것은 무엇을 의미하는가. 그것은 자신만의 침묵을 횡단하는 것이다. 걷다 보면 가슴속 저 밑에서 근원적인 물음들이 치밀어 올라오는 경우가 종종 있다. '나는 누구인가?', '지금 나는 무엇을 하고 있는가?', '어떻게 살 것인가' 등이 그것이다. 따라서 걷는다는 것은 자신을 공간과 타자와 접속하게 하는 가장 생동적인 운동이라 할 수 있다.

티베트 사람들은 걷는 것을 좋아한다. 걷는 것조차 명상이 될 수 있고 수양이 될 수 있기 때문이다. 사실 명상하듯 발로 천천히 걸어가는 것은 모든 감각기관의 숨길을 활짝 열어 주는 역할을 한다. 이는 시간을 그윽하게 즐기는 방법이기도 하다.

그래서 걷는다는 것은 몸으로 산다는 것을 의미하며, 자신을 둘러싸고 있는 세계를 온전히 경험할 수 있는 시간과 기회를 만끽할 수 있다. 문명 세계의 비행기나 자동차는 육체의 능동성을 멀리하는 길을 가르쳐 주지만, 그것과 달리 걷는다는 것은 전에 알지 못했던 장소들과 풍경 등을 새롭게 발견하고 몸을 통해서 감각과 관능의 세계에 대한 지식을 자연스럽게 습득하게 한다.

하지만 티베트인들이 몸의 움직임을 이렇게 의식하거나 계산하면서 사는 것은 아니다. 그저 삶을 영위하기 위해서 아침부터 저녁까지 발로 걷고 몸을 움직이며 살 뿐이다. 아침에는 오체투지로 기도를 하고, 점심에는 양과 야크를 끌고 초원으로 나가며, 저녁에는 그날의 땔감을 구해 잠자리를 확보한다. 그러고도 틈이 나면 마니차를 돌돌 돌리면서 휴식을 취하거나 자

티베트에서 어린아이부터 할머니까지 움직이지 않는 사람은 없다. 특히나 나이가 들어서도 그들은 아침부터 저녁까지 불교사원에 자원봉사를 하거나 초원에 나가 약초를 캔다. 죽을 때까지 몸으로 산다.

신의 반성을 위해 사원을 찾는다. 하루종일 손과 발을 쉬지 않는다. 어른은 어른대로 아이들은 아이대로 몸을 쓰며 하루를 살아간다.

티베트인들은 몸을 사용하는 것에 비해 음식의 섭취량은 상대적으로 빈곤하다. 따뜻한 야크 젖 몇 사발과 보리떡(짬바) 몇 개가 전부다. 그래서인지 티베트에서는 비대한 몸을 자랑하는 사람과 성인병에 시달리는 사람들을 찾아보기 힘들다. 자연의 섭리에 따라 하루종일 움직이고 밤이 되면 식구들이 다 같이 모여 하루를 마무리한다. 추위와 배고픔에도 불면증은 없다. 몸을 하루종일 쓰기 때문이다.

고원은 티베트인들의 삶의 방식과 동선을 규정했다. 고원의 삶은 빠름을 추구하기보다는 느림을 선호하게 만든다. 더 빠르고 더 높은 것을 추구해야 할 이유가 딱히 없기 때문이다. 하지만 그들의 느림의 삶 속에도 부드러움과 여유로움이 있다. 여기서 말하는 부드러움은 우리들의 날선 경계와 빠름을 넘어선 경쾌한 리듬과 템포를 갖춘 또 다른 부드러움이다. 느리게 삶을 산다고 해서 게으름을 피우는 것은 아니다. 그들의 삶은 시커먼 커피보다는 백색의 야크 젖을 선택하고, 쾌락적인 섹스와 경쟁보다는 평화적인 공생과 어울림을 취한다.

죽어 가는 것에도 관심이 있는 삶

고독과 죽음의 공통점은 무엇일까. 하나는 연장하거나 피할 수 없다는 것이고, 또 하나는 그 순간이 자기 자신을 성장할 수 있는 절호의 기회라는 것이다. 인간은 고독할 수 있어야 한다. 고독과 함께해야 한다. 고독을 감내하고 받아들이지 못한다면 삶은 감각만을 향하게 된다. 술과 마약, 섹스와 소비로 고독은 해결되지 않는다. 그것들은 순간적인 도구는 될지언정 자기 내면의 성장에는 아무런 도움이 되지 않는다. 고독의 최고 단계는 죽음이다.

스티븐 킹(Stephen Edwin King, 1947~)은 다음과 같이 말했다. "어린아이가 삶을 배워 가는 존재라면 어른은 죽음을 배워 가는 존재다." 이 말은 "어린아이는 언제나 살아 움직이며 요동치는 생명체를 좋아하는 반면 어른은 기력이 다해 힘이 없이 죽어 가는 고독한 생명에도 관심과 사랑을 가져야 한다."라고 풀이할 수 있다. 즉 어린 아이들은 기계적으로 움직이는 장난감이나 로봇에 열광하는 반면, 죽어 가는 개구리에게는 지속적인 관심이 떨어진다. 생동적으로 움직이지 않기 때문이다. 그러나 성숙한 인간은 살아 움직이는 생명체든 죽어 가는 생명체든 모두 관심을 가지고 사랑한다. 생명이 있다는 것은 소우주이고 그 무엇보다 소중한 것을 알기 때문이다. 누가 말했던가. 우주에 존재하는 살아 있는 생명체는 모두 상처를 받을 수 있다고. 그리고 생명이 가득 찰수록 상처는 깊고 선명하다고. 그런데 그 틈으로 고독과 상처는 파고든다고. 하지만 고독하고 외롭다는 사실이 그만큼 살아 있다는 징표이기도 하다고 생각해 보면 고독과 상처는 내가 무엇에 집착하고 있는지를 정면으로 보여주는 흔적일 수도 있다.

생명의 본질은 무엇일까. 생명이라는 것은 본능적으로 언제나 더 나은 것을 위해 몸을 바꾸려는 욕구를 가지고 태어났다. 따라서 어딘가를 향해서 끊임없이 움직인다(動). 살아 있기 때문에 공간을 점유하고 그 공간에서의 존재의 무게를 발산한다. 그리고 움직이기 때문에 소리(聲)가 난다. 크든 작든 간에 보이든 보이지 않던 간에 생명을 가진 존재는 스스로의 소리를 내게 된다. 이는 생명체가 발산하는 고유의 주파수이고 본질이다(이를 동양에서는 '기(氣)'라고 한다). 그리고 때가 되면 스스로 소멸한다. 자의든 타의든 때가 되면 다시 자연과 우주로 돌아가는 것이다. 이것이 생명의 본질이고 특성이다. 하지만 소멸의 방법은 저마다 다르다. 특히나 인간이 그러하다. 인간은 소멸에 대한 특별한 의식과 기원을 추구한다. 예를들면 장례다. 대지에,

하늘에, 물에, 불에 인간은 소멸을 의탁한다. 그리고 새로운 생성을 기원한다. 이 부분에서 티베트 사람들은 특수한 경험을 가지고 있다. 그들은 죽음에 대한 장례 방식이 매우 독특하다. 예를 들면 수장(水葬), 천장(天葬), 화장(火葬), 토장(土葬) 등이 그것이다.

이중 천장은 티베트인들이 선호하는 장법인데, 죽은 시체를 해부하여 독수리에게 보시하고 다시 태어남을 기원하는 장례 방식이다(이 장례 방식은 2부에서 구체적으로 다루어질 것이다). 외부의 시선으로는 선뜻 이해하고 받아들이기 힘든 장례 방식일 수 있다. 그러나 그러한 이해 방식은 감각적으로만 확인하고 판단하는 표피적 수준에 불과하다. 앞서 말한 어린아이가 충전된 장난감만을 좋아하는 수준과 별반 차이가 없다. 만약 천장을 야만적으로 생각한다면 아마도 그건 오늘날 우리 사회에서 추구하는 죽음의 가치관과 장례 문화의 영향 때문일 것이다. 즉 현대식 병원에서 체계적이고 세련되고 깔끔하게 죽음을 처리할 수 있는 환경 때문일 것이다.

어느 날 예고 없이 날라 오는 죽음의 소식을 듣는다. 황망한 마음과 경건한 옷차림으로 되도록 최대한 빨리 시체가 안치된 병원의 장례식장으로 달려간다. 그리고 '왔다'는 사실을 알리기 위한 서명과 부조금으로 우선 '도리'를 한다. 덩그러니 놓인 커다란 영정사진을 보는 순간 울컥하는 마음과 일렁이는 죽음이라는 실체를 잠시 생각하기도 하지만, 살아 있는 유족과의 인사와 표정 관리도 중요하다. 유족들과 순서에 맞게 인사를 마치고 기다렸다는 듯이 고개를 돌려 이미 자리를 잡고 있는 지인과 친구들을 찾아 간다. "어떻게 이런 일이?"라며 입은 조심스럽고 경건하지만 소주와 안주를 연신 집어 들며 손으로는 휴대전화를, 눈으로는 사방을 연신 두리번거리며 오랜만에 만나는 지인들과 인사하기 바쁘다. 어지럽게 늘어진 구두들은 족집게 모양의 정리용 가위로 질서 정연하게 정리되며, 이에 호응하듯 장례식장은 숙연하고 조용하다. 떠들거나 심하게 울부짖거나 심지어 화투라고 벌일라치면 그들은 예의가 없는 불온한 인간으로 취급받는다.

언제부터인가 집에서 임종을 맞고 집에 빈소를 차려 찾아오는 손님들에게 따뜻한 국과 밥을 대접하고, 여기저기서 들려오는 밤새도록 시끌벅적한 소리를 들을 수 없다. 대부분이 아파트에 살기 때문이며, 체계적으로 잘 준비된 병원의 장례식 매뉴얼 덕분이다. 내가 살던 곳에서 죽음을 맞이하고 소중한 이별의 시간을 가질 수 없는 사회, 죽음에 임박하면 타인들의 시선을 의식해서 신속히 병원으로 이송해야만 하는 사회, 죽음을 직접 목도하고 맞이하는 기회가 줄어드는 사회에서, 우리의 장례식을 우리가 스스로 디자인할 수 있는 시대가 올까. 모든 방면에서 교육이 이루어지지만 정작 인생의 마지막 순간을 위한 죽음 교육은 부재한 나라에서 우리의 죽음을 차분히 맞이하고 사랑하는 사람들과 인생의 마무리를 하는 그런 아름다운 일은 기약하기 어려울 것이다.

경허 스님은 깨달음을 얻고 난 후, 다음과 같은 오도송을 남기셨다. "세속과 청산은 어느 것이 옳으냐, 봄볕 비추는 곳에 꽃피지 않는 곳이 없구나(世與靑山何者是 春光無處不開花)." 이 시의 의미는 '세속과 청산을 따져 무엇 하겠는가. 봄볕(春光)이 비추면 꽃피지 않는 곳이 없지 않는가. 봄볕이 비추는 곳을 찾아가면 그만이지 굳이 세속과 청산을 구별할 필요가 없다'는 것이다. 그렇다. 죽음의 문화와 장례에도 야만과 세련의 차이가 있을까? 또 그러한 기준은 누가 정하는 것이며 따라야만 하는 것일까? 야만과 세련의 차이는 죽음과 생명을 바라보는 태도와 마음에 있는 것이지 그것을 치장하고 상품화하는 제도와 법규에 있지 않을 것이다. 언제나 설산의 기운이 충만한 티베트에도 꽃은 핀다. 티베트인들은 추운 고원에서도 활짝 핀 꽃을 보며 사랑한다. 그리고 죽어 가는 꽃도 사랑한다.

리듬이 있는 삶

티베트 사람들은 일찍부터 삶의 순환을 터득한 사람들이다. 그래서인지 그들의 현세의 삶의 방식과 동선은 복잡하지 않다. 그러면서도 리듬이 있다. 사실 오늘날 티베트는 과거와는 달리 물질적으로 발전하고 있지만 삶의 방식과 동선은 여전히 전통적인 것을 고집하는 사람들이 대다수이다.

그들의 하루가 번잡하지 않고 단순한 이유는 마음이 그러하기 때문인데, 여기에는 물질과 소비의 문화가 많은 영향을 미친다. 티베트에는 이른바 '소비'가 없다. 돈을 굴욕적으로 벌지 않아서일까. 티베트 사람들은 삶을 지탱하는데 비참한 추억이나 억압적 기억의 스트레스가 적다.

사실 소비는 개인의 주관적 기분과 정서, 그로 인한 스트레스와 밀접한 관련이 있다. 감정과 스트레스의 기복이 있는 사람일수록 충동적인 소비를 자제하기 어렵고, 쾌감적인 소비를 통해 감정의 반전을 도모하고 자신이 처한 비참한 기분을 해결하려는 경향이 있다. 반면 마음의 상태가 안정적이고 삶의 방식이 단순한 사람일수록 물질에 대한 소비가 적다. 소비의 특징은 소비를 하는 순간에는 내 마음대로 고를 수 있는 전지전능함을 느낄 수 있다는 것이다. 따라서 소비할 때, 인간은 매우 자유롭다고 느낀다. 그런데 소비에는 필요한 조건이 있다. 바로 화폐가 있어야 한다. 즉 소비를 충족할 돈이 있어야 소비의 자유를 누리는 것이 가능해진다. 따라서 이걸 해결하기 위해, 즉 돈을 마련하기 위해 또 다시 삶이 바빠지고 복잡해지고 호흡이 빨라질 수밖에 없다. 돈을 벌어야 하고 이를 통해 소비하고 소유해야 하는 것이다. 그런데 소비하는 삶에서는 간결한 생활 리듬이 나올 수 없다. 욕망하는 사회, 소비하는 사회에서는 이것이 불가능하다.

우리의 삶이 단순하지 못한 이유는 이와 같은 사회에서 살고 있기 때문이다. 어제보다 더 나은 것을 향해 질주하는 경쟁 중심의 사회, 어떤 비용과 대가를 치르고라도 더 나은 것을 장악하고 소유하고 말겠다는 정복주의식의 태도가 팽배한 사회이기 때문이다. 그 결과로 돈과 부자와 관련된 책이 잘 팔리는 사회가 되었고, 학생을 돈으로 계산하고 학교를 돈 버는 공장으로 전락시킨 사회가 되었다. 더 빨리, 더 높이, 더 멀리와 같은 비교와 전쟁하는 사회가 되었고, 공생보다는 혼자만 독식하려는, 몸으로 살려 하지 않고 영악한 머리로 살려하는 사회가 되었다. 그리고 자신의 존재를 포장하고 치장하기에 급급한 사회가 되었다. 항상 잠이 부족하고 피곤할 뿐이다.

그러나 이런 부류의 사람에게는 행복이 찾아오지 않는다. 행복은 타인보다 많이 성취하거나 소유하는 데서 오지 않는다. 행복은 쾌락과 전혀 다른 감정이기 때문이다. "행복은 가난한 마음에서 온다"는 말이 있다. 이 말은 작고 단순한 것에 행복이 있다는 의미이다. 밤이 돼야 달과 별이 그 모습을 드러내듯이, 물질에 대한 탐욕과 소유욕이 모두 사라져야 행복은 찾아온다는 의미이다. 소유욕은 원하던 것이 손 안에 들어오는 순간 그에 따라오리라 믿었던 충족감을 주는 대신 오히려 권태로움을 불러일으킨다. 따라서 소유의 윤회에서 벗어나는 것이 중요한데 그러기 위해서는 소소한 것에서 즐거움을 찾고 작은 것에서 큰 것을 찾아내는 안목이 있어야 한다. 여기서 말하는 안목이란 사물의 외형이 아니라 내면(본질)을 들여다 볼 수 있는 힘이다.

사람이 어린아이에서 성숙한 인간으로 되기까지는 많은 시간이 필요하다고 한다. 하나의 씨앗이 땅에 묻혀서 꽃 피고 열매 맺기까지는 사계절의 순환이 필요하듯 말이다. 여기에는 기다림과 그리움이 동반된다. 목표를 향해 곧장 달려가기 보다는 여유를 가지고 구불구불 돌아가는 길도 선택할 줄 알아야 한다.

하지만 우리는 티베트 사람들처럼 고원 위에 있지 않고 물질문명의 삶을 향유하며 살아가고 있다. 때때로 고기를 먹어야 하고, 세련된 차도 타고 싶고, 우울한 감정을 공유해 줄 가족과 친구가 필요한 사회에 살고 있다. 아무리 티베트에 정신적 장애가 없다고 할지라도 모든 것을 버리고 헐떡거리며 고원에 올라가 살 수는 없을 것이다. 어찌해야 할까. 만일 우리가 타인의 내부로 온전히 들어갈 수 없다면, 일단 그 밖에서 서 보는 게 맞는 순서일지도 모른다. 그 '바깥'에 서느라 때론 다리가 후들거리고 또 얼굴이 벌개져도 우선 서 보기라도 하는 게 맞을 것이다. 그래서 이해란 타인의 몸 바깥에 선 자신의 무지를 겸손하게 인정하고, 그 차이를 통렬하게 실감해 나가는 과정일지도 모른다. 그렇게 형성된 이해와 공감으로 티베트의 척박하고 황량한 생존 공간 속에서 태동한 비상식적·비물질적·비위생적인 문화와 가치를 이해하는 것이 선행 학습인지도 모른다. 그것을 먼저 이해하고 간접 체험함으로써 이곳과 그곳의 간격을 좁혀야만 이 세계에서 저 고원 위의 진짜 세상을 맛 볼 수 있을 것이다.

제 **2** 부

하늘 위의 장례

그는 천장 외에는 달리 해 본 게 없는 것 같은 얼굴을 하고 있었다. 특히나 시체를 해부할 때는 무심한 것인지, 초연한 것인지, 냉정한 것인지, 선량한 것인지, 아니면 선천적으로 좀 모자란 것인지를 알 수 없는 얼굴표정을 하고 있었다. 그의 눈빛과 행동은 뭔가 한 가지 일을 오랫동안 해온 사람의 얼굴답게 건성인 듯 또 한편으로는 세심했다. 그는 사원 소속의 천장사이기 때문에 매월 사원에서 일정량의 월급(인민폐 3000-4000원)을 받고 있었으며, 고인의 유족들이 가져다주는 일용할 양식과 양초, 소금 등을 받아 생활하고 있었다. 그런데 그도 사람인지라 어린 여자아이의 시체는 해부하기가 불편하다고 했다. 그래서 자기 앞에 놓인 어린 여자아이의 시체는 얼굴을 보지 않는다고, 좀 더 솔직하게는 눈을 피하기 위해서 엎어놓고 해부를 한다고 했다. 그는 시체를 해부할 때의 감정을 다음과 같이 말했다.

시체를 어루만지고 장례를 도맡아 하는 일은 나의 인생을 바꾸고 삶이 어떤 것인지 알게 해 주었습니다. 시체 해부를 시작할 때만 해도, 이토록 다양하고 격렬한 감정을 경험하게 될지 알지 못했습니다. 하지만 이제는 압니다. 누군가의 시체를 돌보는 것은 수양이자 동시에 저주입니다. 나는 이 두 가지 감정을 매일 느끼며 살아갑니다.

그는 천장을 끝내고 가끔 '더할 나위 없이 좋은 상태'라고 홀로 독백한다. 그가 말하는 '더할 나위 없이 좋은 상태'란 어떤 느낌일까? 그는 말한다.

나는 남의 문제에 진정으로 마음을 쓸 때 자신의 불행이 잊혀지는 경험을 합니다. 그런데 그때의 기분은 '아주 좋아서 믿어지지 않을 정도의 기분'입니다. 즉 나에게도 정신적 고민과 육체적 고통은 늘 있지만, 천장을 하면서 유족의 기분과 바람을 이루어 주고자 애쓸 때 나의 고통이 사라짐을 느낍니다. 나에게는 이 기분이 더할 나위 없이 좋은 감정입니다. 상황은 매일 없어지는 것과 들어오는 것으로 꾸려 가지만, 삶은 베푸는 것으로 이어 나가는 것이기 때문입니다. 따라서 나에게 천장을 하는 일은 돈을 벌어 생계를 목적으로 하는 직업이 아니라 의미와 가치를 늘 타인에게 건네는 더할 나위 없이 좋은 상태를 유지하는 보시라고 할 수 있습니다.

우리 삶의 외적 조건들(돈, 종교, 기후, 건강, 거주환경, 가족)이 주는 행복감은 한계가 있다. 건강하다고, 돈이 풍족하다고 모두 다 행복하지는 않다. 그보다는 우리 스스로 매일 자발적으로 선택하는 삶의 주체적인 조건들이 중요하다. 사실 인간적으로 꼬인 용서는 그 사람을 위해서 하는 것이 아니다. 그와는 무관하게 철저히 나를 위해서 하는 것이다. 따라서 용서는 이타적이지만 나에 대한 선물인 셈이다. 객관적으로 멋진 사람보다 자신의 삶이 행복한 사람은 실제보다 더 매력적으로 보인다고 한다. 이것은 사람은 행복하면 실제보다 더 근사하게 보일 수 있다는 것을 의미한다. 상황에 따라 거짓말을 하고, 자신을 은근히 미화시키고, 계산적으로 악수를 하며, 건조한 미소를 흘리고, 질투하지만 점잖은 척하고, 모함하고, 뒤에서 비난하는 그런 이중적인 사람들은 결코 행복할 수 없다. 이런 면을 고려할 때 하늘 위의 장례를 주관하는 천장사는 행복한 사람이라고 할 수 있다. 그는 연기하지 않은 사람이기 때문이다. 수행할 때와 시체를 대할 때, 밤과 낮의 마음과 몸가짐, 스승님과 제자를 대할 때, 두 사람으로 연기하지 않는 사람이기 때문이다.

1. 소멸과 생성의 시간

소멸의 시간

그가 왔다. 식어 버린 나의 몸을 살핀다. 옷을 벗기고 몸 이곳저곳을 눈으로 손으로 확인한다. 그리곤 이내 뭔가를 알았다는 듯이 고개를 끄덕인다. 저건 무슨 의미일까. 내가 초원에서 야크를 몰고 가다가 뜻밖에 나타난 트럭에 치여 객사한 것을 알았다는 것일까. 아니면 양을 몰고 나가기 전, 다리를 떨며 죽어 가는 고양이를 발견하고 응급처치를 해 준 것을 알았다는 것일까. 사각의 공구함에서 조그마한 손도끼를 꺼내 든다. 이제 시작하려나 보다. 내 몸을 토막내려는 것이다. 지금 내가 다시 몸속으로 들어가 눈을 뜨면 어떨까. 그는 어떤 반응을 보일까, 생각 하는 순간 그가 사정없이 나의 머리와 연결된 척추와 사지를 찍어대기 시작했다. 어차피 자잘하게 부수어져서 독수리에게 먹힐 몸이지만, 그가 내 몸을 조금 더 신중하고 귀중하게 다루어 줬으면 좋겠다.

'턱, 턱, 턱….' 내 몸이 잘려 나가는 소리는 생각보다 둔탁했다. 어, 내 목이 순조롭게 잘리지 않나 보다. 목과 뼈 그리고 척추가 구슬처럼 나란히 연결돼 있어서 쉽지 않을 것이다. 뭉툭한 도끼보다는 칼로 연결된 부분을 썰고 살점을 발라 내는 것이 나을 거 같다. 피가 사방에 튀자 냄새가 나기 시작한다. 그런데 이 비릿한 냄새가 나의 냄새란 말인가. 오장육부와 지방을 둘러싼 미끌거리는 것들과 뭉텅거리는 것들의 냄새이다. 고통을 느끼지는 못하지만 뼈가 한 조각씩 부서지고 살이 한 점씩 잘려 나갈 때마다 나도 모르게 비명이 나온다. 지금 내 영혼이 몸과 분리되어 있어서 망정이지 그러지 않았더라면 엄청난 고통을 느꼈을 것이라는 생각이 든다. 끈질기게 같은 동작을 반복하는 그(천장사)의 얼굴을 바라보았다. 감정이 없어 보이는 듯, 그러나 어떤 의지나 소신을 고수하려는 비장함이 엿보인다. 엄숙한 기운도 느껴진다. 그렇게 그의 얼굴을 보고 있노라니 저 짓(시체의 해부)을 할 때 도대체 저 사람은 무슨 생각을 할까 하고 궁금해졌다. 앞으로 걸어가서 면전에서 물어볼 수도 없는 노릇이어서 이 궁금증은 계속되었다. 비록 종교적 소임을 가지고 하는 의식이겠지만 그도 사람이기에 매일 시체를 처리하다 보면 지루하지 않을까?

하지만 이내 다른 생각도 들었다. 저 고되고 지저분한 일을 하려면 몸만 가지고는 안 될 것이다. 물질과 육체의 고통을 넘어서는 어떤 정신적 고집이 있어야만 가능하지 않을까. 생각이 번잡하게 올라오는 사이 내 몸은 점점 파괴되어 갔다. 그런데 신기하게도 처음에 사지가 잘려나갈 때는 아직도 이 세상에 미련이 남았는지 뭔가 아쉬운 느낌이 들었지만, 몸의 형체가 허물어질수록 이 세상에서 짊어졌던 모든 세속적 짐들이 함께 날아가 버리는 것 같아서 기분이 좋아진다.

그렇게 나의 몸이 분열되고 소멸되어 가는 과정을 지금 내 가족들은 빤히 지켜보고 있다. 이따금씩 뼈가 도끼에 부딪치는 투명한 소리가 크게 들리거나 뼛조각이 사방으로 튈 때는 손으로 얼굴을 가리기도 했지만 전체적으로 심하게 슬퍼하는 표정들은 아니다. 다른 곳에 비해 뼈 소리가 투명하게 들리는 것은 뼈가 인간의 몸을 구성하는 요소 중에 가장 깨끗한 부분이기 때문일 것이다. 그런데 가족들의 표정들을 보아하니 내 죽음을 기다렸나보다. 모두

들 담담하게 이 상황을 이해하고 받아들이는 것 같다. 아니 당연하다는 얼굴들이다.

내가 이미 세상을 떠났으니 고백하자면, 나는 생전에 죽음이 두렵고 무서웠다. 두렵지 않다면 죽음이 아닐 거라 생각했다. 가끔 죽음을 생각했지만 몸이 나이를 드는 것은 왠지 싫었다. 오래 살고 싶었다. 이렇듯 어느 날 화살 맞은 것처럼 피살되고 싶지는 않았다. 사원의 스님이 인간의 육신이란 잠시 걸치는 옷과 같다고 했지만 나는 동의하지 않았다. 그 스님은 죽는 것이 두렵지 않다고 했지만 나는 그 말을 믿지 않았다. 그 스님은 죽음은 피할 수도 연장할 수도 없으므로 때가 되면 순순히 맞이하라고 했지만 나는 오래 살고 싶다고 큰 소리로 대꾸했다.

이윽고 최대한 잘게 부서진 내 몸이 보리떡과 같은 가루와 함께 잘 버무려졌다. 보리떡이 내 몸인지 내 몸이 보리떡인지 구분할 수 없을 정도로 말이다. 시간이 됐는지 천장사가 산을 보고 신호를 보내자, 기다리던 독수리들이 동시에 달려들었다. 그중 대왕독수리라고 불리던 독수리와 나는 눈이 정면으로 마주쳤다. 내가 나무 위에서 몰래 쳐다보고 있었는데 대왕독수리가 날개를 퍼덕이다가 나를 본 것이다. 그냥 가려니 했는데 이 독수리는 내가 보이는 것 같다. 신령스런 독수리는 몸에서 빠져나온 영혼을 볼 줄 안다고 하더니 사실인 것 같다. 눈알을 아래 위로 세번 정도 돌리더니 나를 빤히 쳐다본다. 눈에 힘과 에너지가 느껴진다. 그리고 그 눈으로 나에게 무언가 말하는 거 같다. '걱정 마시오. 당신의 몸은 깨끗이 우리가 먹어치울 테니.' 대장 독수리는 다시 눈알을 세번 돌리더니 이내 다져진 시체 쪽으로 힘차게 날아갔다. 그리고 내 몸을 먹는다. 날카로운 발톱으로 잘려진 나의 손가락과 눈알을 움켜쥐고 부리로 야무지게 쪼아 먹는다. 그렇게 한때는 내 육신이었던 몸이 독수리의 몸 안으로 들어간다.

독수리들이 창공으로 날아오른다. 나도 독수리와 함께 하늘로 날아가면서 아래를 내려다보았다. 가족들의 중얼거리는 입모양이 보인다. 다음 생을 기원하는 것이리라. 짧은 순간이었지만 그들과 이 세상에서 보냈던 시간들이 주마등처럼 스쳐지나 간다. 죽기 전에 가족들에게 제대로 인사도 못했다. 살면서 죽음과 이별에 대해 많이 생각하고 담담하게 받아들일 수 있는 준비를 했다고 생각했건만 역시 이별의 슬픔을 가눌길이 없다.

나도 이제 또 다른 공간으로 이동해야 한다. 영혼들이 잠시 동안 모여 있는 그곳으로 들어가야 한다. 그곳에서 나는 이승에서의 내 잘못을 심판받고, 새로운 생명으로 다시 태어날 것이다. 마지막으로 아버지와 동생 그리고 친구들의 모습을 보았다. 형의 다 떨어진 옷자락과 아무것도 모르는 동생들의 천진난만한 얼굴이 보인다. 우리는 애초에 물질적인 욕심 없이 그럭저럭 잘 살아 왔다. 하지만 죽기 전에 좀 더 잘해 주지 못한 것에 대한 후회가 밀려온다. 정말로 이별을 해야만 하는 이 순간이 소중해진다. '산다는 것은 고통'이라는 부처님의 말씀이 생각난다. 이대로 독수리를 따라 다음 생으로 넘어간다 해도 비슷한 삶의 반복이 아닐까. 그리고 또 그 사람들과도 이별하게 되겠지. 삶 자체가 고통인데 왜 우리는 삶에 집착하는 걸까, 또 다른 인연과의 만남을 희망하는 것일까…. 생각을 하는 사이 가족들과 점점 멀어져 그들이 시야에서 사라지려는 순간 마지막으로 크게 그들의 이름을 불러본다. 그들은 내 목소리를 못들을 것이다. 나는 이미 현생을 떠나 왔기 때문이다. 죽기 전부터 죽음이라는 것은 삶과 마찬가지로 자연스러운 현상일 뿐이라고 배워 왔다. 하지만 배운 대로 쉽게 받아들여지지 않는다. 이제 지난 삶은 잊고 새로운 삶에 대한 기대감을 가져야 한다. 다음 생에는 좀 더 착하게 타인들을 도우면서 살아야지. 아, 저기 한 줄기 하얀 빛이 보인다. 영계로 들어가는 입구다. 소멸의 시간이 다가왔다.

티베트인들은 장례를 위해 시체를 이송하는데 중간에 들르는 장소가 있다. 대부분 산언덕에 존재하는 천장터에 도착하기 전에 시신을 잠시 놓고 기도하는 장소다.

생성의 시간

티베트인들은 영혼이 때가 되면 스스로 움직인다고 생각한다. 그 때란 일반적으로 몸이 노화되어 죽음을 맞이하는 시점이다. 즉 몸에 병이 들었거나 기운이 다하여 죽음을 맞이하는, 혹은 이미 죽어 버린 상태를 말한다. 소멸한 몸을 버리고 영혼은 새로운 껍데기(몸)를 찾아가야 한다. 하지만 영혼은 이동하기 전 몇 가지 준비를 해야 한다. 그동안 정들었던 마디마디의 신체 기관과 작별인사도 해야 하고, 밖으로 나갈 수 있는 유일한 통로인 정수리(開口)를 통해 나가려면 그 길도 미리 한번 다녀와야 한다. 그 길이 막혀 있으면 밖으로 순조롭게 나가지 못한다. 이때는 밀교공부가 풍부한 라마승의 도움이 필요하다. 이것이 선행되었을 때 영혼은 밝은 영계로 진입할 수 있고, 또 다시 새로운 생명체로 진입할 수 있다. 이것은 영구성이 없는 몸보다 불멸하는 영혼의 흐름을 소중히 하기 때문에 가능하며, 티베트인들이 죽음을 저항 없이 받아들이는 큰 이유 중의 하나가 바로 이러한 사유구조 때문이다.

그런데 영혼은 정말 존재하는 것이며 의식의 흐름으로 순환하는 것일까? 눈으로 확인할 수 없는 이 영혼의 실체를 무엇으로 감지할 수 있을까? 여기에 관하여 라이얼 왓슨(Lyall Watson)은 영혼의 존재를 다음과 같이 감지할 수 있다고 설명한다.[13]

같은 풍경 같은 음식이라도 집 안에서 보고 먹는 것과 현지에서 보고 먹는 맛과 느낌은 확연히 다르다. 예를 들면 집에서 영상물 속의 자연풍광을 보는 것보다 현지에서 눈과 귀를 통해서 느껴보는 풍광이 더욱 실감나고 아름답다. 또 영상물 속에서 누군가가 맛있게 먹는 전복을 보는 느낌보다 실지로 제주도의 어느 해변에서 해녀가 잡은 전복을 직접 먹는 것이 더욱 황홀하다. 그 이유는 우리 몸에 존재하는 감각기관의 접촉이라는 측면도 있지만, 사실은 몸속의 영혼이 몸에서 나와 현장의 풍광과 맛을 보기 때문이다."

티베트에서는 몸과 영혼의 관계를 신뢰한다. 객관적이고 통계적인 확인 가능성 여부를 떠나서 믿음의 문제로 인식돼 왔기 때문이다. 여기서 '믿으면 보인다'라는 티베트인들의 원시 사유가 형성됐다. 따라서 티베트에서 말하는 영혼의 존재는 때가 되면 몸에서 나가면 되고(몸이 죽었을 때), 시간이 지나면 자연스럽게 새로운 몸에 안착하는 것이다. 이것은 헌 신발을 버리고 새 신발을 선택하는 이치와 같다. 오랫동안 신었던 신발에 대한 집착을 버리고 새로운 신발에 대한 설렘과 기대를 하는 것이다. 집착이 무엇인가. 무언가를 가지려는 치열한 고집이고 노력이다. 이 치열함은 어디로부터 오는가. 소유하고자 하는 애착에서 온다. 이 애착 때문에 집착을 버리지 못하는 것이다. 가지고 있음에도 더 가지려 하고, 나보다 못한 남의 것을 빼앗으려 하고, 버려야 할 것을 못 버리고 죽을 때까지 껴안고 가는 사람들, 티베트인들은 그런 삶과 태도를 경계한다.

애착이 강한 사람은 영혼이 맑고 깨끗하지 못하다. 탁하고 어둡다. 그러한 조짐과 기운은 현생에서는 표면에 드러나지 않는다. 하지만 죽은 후 가야 하는 영적 세계에서는 그 영혼의 탁함의 수준이 명확히 드러난다.

티베트에는 몸과 영혼의 관계, 영혼이 거처하는 곳, 그리고 그 과정을 거치며 다시 환생하는 방법 등을 담은 매우 특별한 경전이 전하여 내려온다. 바로 『티베트 사자의 서』다. 이 경전은 생명에 존재하는 영혼과 영혼의 이동 및 환생(다시 태어남)의 과정을 소상히 소개하고 있다.

'바르도 퇴돌'(Bardo Thodol)이라 불리는 『티베트 사자의 서』는 8세기경 활동한 전설적인 인도의 불교 수행자 파드마삼바바(ངུ་ད་་འབྱུང་གནས།, 蓮華生)에 의해 기록된, 차원이 다른 죽음학 경전이라 할 수 있다. 그는 당시 티베트 왕(송첸캄포)의 초청으로 비밀리에 티베트로 들어와 죽음의 길목에서 단 한 번 듣고 이해하는 것만으로도 영원한 자유에 이를 수 있다는 이 책을 저술했다. 그리고 이를 후대의 사람들에게 때가 되면 다시 보게 할 요량으로 동굴 속에 숨겨 두었다. 이를 티베트에서는 '데마(gter ma)'라 한다. 이것은 티베트의 고승이 생전에 비밀리에 묻어 두었던 경전이 후대에 누군가에 의해서 발견된 것을 말함이다. 데마의 형식은 물질에 한정하지 않고 정신적인 곳에 보관하는 경우도 있다. 일종의 티베트 고유의 전승 방식 중의 하나라고 볼 수 있다. 따라서 데마에는 경전만 있는 것이 아니라 불상이나 법기 같은 것들도 포함된다.

『티베트 사자의 서』는 인간이 죽음에 임했을 때, 어떤 심경과 마음자세를 가져야 하는지 알려주고, 편안한 죽음과 사후세계에 관한 올바른 인식이 필요함을 이야기한다. 그런데 이 책은 일반 티베트인들이 볼 수 있는 수준이 아니다. 불교 경전과 죽음에 대한 공부가 천착된 사람만이 이해할 수 있도록 구성돼 있다. 따라서 티베트에서는 사원에서 수행하는 라마승과 그보다 높은 경지에 도달한 활불만이 이 책을 읽고 이해할 수 있다. 이것은 티베트인들이 관혼상제(冠婚喪祭)에 임할 때, 특히 상장(喪葬)의 처리에 있어서 수행이 오래된 라마승에게 의존할 수밖에 없는 이유이기도 하다.

일반적으로 죽음이라고 할 때, 목숨의 양이 다해서 죽은 경우가 있는데 이를 '제 때의 죽음'이라고 한다. 복을 다하고 죽는 것이다. 하지만 반대의 경우도 있다. 즉 목숨의 양이 다 차지 않았는데도 죽는 경우이다. 이는 몇 가지 인(因)과 몇 가지 연(緣)이 부족할 때 발생한다.[14] 그 몇 가지는 다음과 같다. ① 음식의 양이 부족할 때 ② 음식이 훼손되었을 때 ③ 소화되지 않았을 때 ④ 날것인데도 뱉지 않았을 때 ⑤ 의약을 가까이 하지 않았을 때 ⑥ 몸에 손해가 있을 때 ⑦ 이익 되는 것이 없을 때 ⑧ 때 아닐 적에 지나치게 맑은 행(梵行)이 아닌 것을 행할 때, 이럴 때를 일컬을 때 '아닐 적의 죽음'이라고 한다. 따라서 사람이 죽음에 이르러서는 착한 마음으로 죽느냐 아니냐가 중요하다. 왜냐하면 전자의 경우(착한 경우)에는 목숨을 마치려 할 때 극히 괴로운 느낌이 몸을 핍박하지 않지만, 후자의 경우에는 반대로 몸이 괴롭고 핍박을 당하기 때문이다. 이는 생을 의미 있고 보람 있게 살았는가의 문제이기도 하다.

죽음에 이르렀을 때 이승에서 착하지 못한 업을 지은 이는 다음과 같은 형상이 나타난다. 우선 온몸에 땀이 비 오듯 흐르고, 털이 곤두서고, 손발이 떨리고, 마침내 똥을 싸면서 허공을 더듬고, 눈동자를 뒤집으며 거품을 문다. 이는 죽음에 이르러 의식이 몸의 윗부분으로부터 식게 되고 점차로 심장까지 이르게 되기 때문이다. 반대로 착한 업을 지은 이는 의식이 몸의 아랫부분에서부터 식어 차츰 심장에 이르게 된다. 하지만 이런 과정보다 더 중요한 것은 사람이 목숨을 마치려 할 때, 오랫동안 익혔던 나(我)라는 애착이 일어난다는 것이다. 이 집착으로 말미암아 없어질 몸을 사랑하게 되고, 이로 말미암아 이 순간에도 과보는 생긴다는 것이다. 그러므로 이때에 죽음을 잘 인도하는 사람이 필요하게 된다. 요컨대 '죽음의 가이드'가 필요한 것이다. 그러나 이 가이드도 다음과 같은 사실을 알지 못하면 결코 망자를 인도할 수가 없다. 요컨대 죽음을 맞이했지만 아직 환생하기 전의 중간 상태에 대한 체험이나 상식이다. 그 중간 상태를 『티베트 사자의 서』에서는 중간계(中陰界) 혹은 중음(中陰)이라고 말하는데 이곳은 영혼이 잠시 머무르는 곳이다.

『티베트 사자의 서』에서는 죽음 다음 잠시 머무르는 중간계가 크게 네 단계로 이루어진다고 분류한다. 다음과 같다.

첫째, 사자가 죽은 후에 체험하는 '치카이 바르도', 즉 죽는 순간의 바르도이다.

둘째, 사후 3일이 지나서 체험하는 '초에니 바르도', 즉 마음의 본체 바르도이다.

셋째, 사후 20일째부터 시작하는 '시드파 바르도', 즉 환생의 바르도이다.

넷째, 입태(入胎)에서 죽음 사이의 기간인 '생의 바르도'이다.

이 영역을 거치지 않고도 올바른 사후세계에 인도되거나 환생을 할 수 있다면 모르지만 그렇지 않다면 인간은 모두 이 영역을 거쳐 누적된 업보의 심판을 받아야 한다. 티베트에서는 이때가 의식체의 탈바꿈을 시도할 수 있는 절호의 순간이자 기회라고 인식한다. 이 순간에 고인은 죽음의 인도자(대부분 라마승)가 이끄는 주문에 따라 자신이 생전에 수행한 내용을 기억하는 것만으로도 깨달음에 이를 수 있다. 만약 이때 그를 통해서도 깨달음에 이르지 못했다면 사후세계의 두 번째 단계인 존재의 근원을 체험하는 곳에 머물러 있을 동안 인도자의 말에 진지하게 귀를 기울여야 한다. 이때 인도자는 사자의 시신 곁에서 진지하게 분명한 어조로 자신이 말하는 바를 정확하게 읽어주어야 한다.

오, 기품 있게 태어난 이여. 이제 존재의 근원으로 돌아갈 순간이 왔다. 그대의 호흡이 멎으려 하고 있다. 이제 그대를 위해 그대가 믿고 의지하던 스님은 그대를 이끌어갈 근원의 빛을 체험하려 하고 있다. 그대여, 이 순간의 모든 것은 텅 빈 허공과 같고 티 없이 맑은 그대의 마음은 투명한 허공과 같다. 이 순간 그대여 껍질을 벗으라. 참 나를 알라. 그리고 그 빛 속에 머물러 있으라. 내 그대를 인도하리라.[15]

호흡이 멎기 전의 의식은 매우 중요하다. 인도자는 임종자에게 천도문을 몇 번이고 귓전에 대고 반복해서 읽어 주어야 한다. 그렇게 하여 임종자의 마음에 이 천도문이 깊이 새겨지도록 해야 한다. 이때 임종자의 몸의 자세도 중요하다. 즉 호흡이 멈추려 할 때 임종자를 오른쪽으로 돌려 눕혀야 한다. 이 자세를 티베트에서는 '사자(獅子)가 누워 있는 자세'라고 한다. 그리고 목의 좌우에서 벌떡거리는 경동맥을 압박해야 한다. 이때 임종자가 잠에 빠지려 하면 이를 막아야 하며 확실하게 목의 동맥을 압박해야 한다. 이렇게 함으로써, 생명력(척추의 에너지 통로)은 중추신경으로부터 되돌아올 수가 없게 되어 오로지 머리에 있는 정수리의 구멍(開口)을 통해 확실하게 떠날 수 있게 하는 것이다. 그런데 바로 이 시점이야말로 임종자를 확실하게 밝은 곳으로 인도할 순간이기도 한다. 이런 자세를 취하면서 앞에서 말한 천도문은 누르스름한 액체가 시신의 여러 구멍으로 흘러나올 때까지 계속해서 들려 주어야 한다. 다음과 같이 말이다.

오, 고귀하게 태어난 이여, 이제 바야흐로 흙은 물속으로, 물은 불 속으로, 불은 공기 속으로, 공기는 의식 속으로 가라앉는 죽음의 징후가 나타나기 시작한다. 오, 고귀한 이여, 지금 그대는 존재의 근원에서 나오는 눈부신 빛을 경험하고 있다. 그것을 깨달아야 한다. 오, 고귀하게 태어난 이여, 본성은 공인 것이다. 현재의 마음은 곧 존재의 근본이며 완전한 신인 것이다. 그렇기에 그것은 텅 빈 것이며 그 어떤 특징이나 빛깔이나 형상이 없는 것이다.

이 천도문을 인도자는 또박또박 세 번 내지 일곱 번을 되풀이해서 읽어 주어야 한다. 그렇게 함으로써 임종자는 그 스스로 존재의 근원에서 나오는 빛을 만날 수 있다. 이렇게 될 때, 임종자의 생명력은 생명 에너지 센터로 흘러가게 되는 것이다. 그때에 식심(識心: 의식체)은 자연적 상태의 마음인 존재의 근원에서 흘러나오는 투명한 빛을 경험하게 된다. 뒤이어 생명력은 신체의 후방으로 내던져져서 척추 오른쪽과 왼쪽의 신경을 통하여 아래쪽으로 흐르게 되고, 여기에서 사후세계가 밝아져 옴을 경험하게 된다. 이 모든 과정은 『티베트 사자의 서』에 따른 것이다. 따라서 이 책은 죽음과 그 너머의 세계에 관한 은밀한 경전이라 할 수 있고 이 책을 통해서 티베트에서 죽음은 예술이 될 수도 있음을 발견하게 된다.

티베트 연극(藏劇)의 한 대목인 「보무낭살(普姆朗薩)」을 보면 다음과 같은 대목이 나온다.[16]

> '낭살(朗薩)'이라는 여인이 억울하게 죽음을 당하였다. 그녀의 영혼은 '중음계'에 도착하여 자신의 억울함을 호소하였다. 다행히 그곳의 심판자로부터 억울하게 잘못 죽었음을 인정받고 다시 인간계로 돌아갈 것을 허락받았다. 하지만 그녀는 그곳에서 여러 층의 지옥이 있음을 알게 되었고 그곳에 떨어지는 인간들은 영혼이 고통 받음을 알게 되었다. 그녀는 혼자 인간계로 돌아가는 것을 거부하고 지옥에 떨어진 많은 사람들을 위해 노래를 불렀다. 그 노래는 바로 '육자진언'이었다. 노래에 감복 받은 많은 사람들이 그녀를 보고 절을 했다. 그녀는 결국 '해탈'의 길을 알게 되었다.

티베트인들에게 이토록 영혼이 중요한 이유는 무엇일까? 그것은 영혼이 모든 것을 기억하고 담아 두는 의식의 '저장창고' 기능을 하며 생성의 요체라고 생각하기 때문이다. 하루의 모든 언행과 일년의 모든 언행, 심지어 죽기 전까지의 모든 언행은 본인도 모르게 마음의 심층에 저장된다. 세상 아무도 모르는 자기만이 알고 있는 일들, 심지어 잠시 생각한 좋고 나쁨의 모든 의식들조차도 마음 저 아래의 심층에 누적될 수 있음을 티베트인들은 믿는다. 그래서 때가 되면, 즉 불교에서 말하는 시절 인연이 되면 그동안 누적되었던 언행들이 위로 솟구쳐 올라 표면으로 부상하게 된다. 누적된 나쁜 씨앗은 결국 외부 환경과 상응하여 그 결과를 뱉어내는 것이다. 그러니 티베트인들이 영혼을 중시할 수밖에 없고, 환생을 할 때도 이것의 에너지와 여파가 작용하기 때문에 현생에서 매사에 신(身), 의(意), 입(口)을 삼가고 조심하는 것이다.

티베트인들이 하나의 영혼이 몸을 떠나 다른 생명체에 의탁할 수 있다고 믿는 것은 역사적으로 티베트의 토착신앙인 본교와 7세기 이후 인도에서 전입된 불교와도 관련이 있다. 본교와 불교가 한덩이로 뭉쳐 형성된 소위 티베트 불교의 핵심사상은 '윤회' '환생' 그리고 개인의 '해탈'인데 티베트 특유의 죽음 이론 체계에 따르며 이 중심에 중음의 영역이 있는 것이다. 앞서 『티베트 사자의 서』를 소개하면서도 잠깐 언급한 바, 이 중음의 영역에서는 죽은 인간의 몸에서 빠져나온 영혼이 일정 시간(49일) 동안 머무른 후 다음 생으로의 진입을 준비한다. 즉 새로운 어머니 자궁을 물색하는 것이다. 하지만 모든 영혼이 새로운 인간의 몸으로 들어갈 수 있는 것은 아니다. 인간으로 태어날 자격이 주어져야 가능하다.

그런데 반드시 인간으로 다시 태어나야 하는가? 그래서 또 다시 윤회의 길에서 힘들게 발버둥쳐야 하는가? 하는 의문을 가질 수 있다. 여기에 관하여 티베트에서는 인간으로 환생하기를 기원하는 이유를 순환되는 윤회에서 해탈하는 데 필요한 조건이라고 설명한다. 즉 인간이어야만 수행할 수 있는 자격이 주어지기 때문이다.

죽음의 실체를 밝히고 죽음의 공포로부터 벗어나는 새로운 생성의 길을 제시하는 것이 모든 종교의 근본적인 목적이라면, 티베트 불교는 이 방면에서 특수한 영역이 발달해 왔다. 그것이 가능한 이유는 고통의 수레바퀴인 윤회의 업보에서 벗어나고 생사의 자유로운 경지에 이르는 방법(밀교)을 티베트의 고승들은 전통적으로 전승해 오고 있기 때문이다. 예를 들면 포와법의 숙련이다. 일반적으로 '포와'(vpho ba grong vjug)는 몸에서 영혼을 안전하게 빼내는 티베트 밀법의 일종으로, 이는 티베트 불교 중에 카규파(백교)의 나뤄육법(那若六法) 중의 하나로 알려져 있다. 이 밀법은 처음 카규파의 존좌(尊座) 마얼파(瑪爾巴)가 인도와 네팔에서 티베트로 들여온 것으로 전한다. 그의 일화를 먼저 살펴보자.

그는(마얼파) 12세 때 부친 손에 이끌려 출가해서 라마승이 되었다. 그는 열심히 수행에 정진했는데 당시 티베트 최고의 경전 번역가 탁미(卓彌)가 인도에서 돌아왔다는 소식을 듣고 그를 찾아가 관정(灌頂)을 요청했다. 관정은 티베트어로 '왕'(旺, dbang)이라 부르고 범문으로는 'abhisheka'다. 관정은 밀종의 성취자가 신도나 제자에게 성수(聖水)를 줌으로써 종교적 법력을 전수해 주는 것을 말한다. 형식적인 측면에서만 보면 일반인들에게는 그저 정수리에 물 몇 방울 떨구어 주는 단순한 행위에 지나지 않는다. 하지만 이 관정을 받는 자의 입장에서는 이 과정이 매우 소중하고 신성한 의식이다. 이른바 신력(神力)을 고승으로부터(대부분 스승) 내 몸으로 온전히 전해 받는 것이기 때문이다.

티베트 밀교에서는 관정 의식이 매우 다양하지만 한 번을 받더라도 네 종류의 능력을 얻는다고 알려져 있다. 예를 들면, 마음의 고통과 업보를 제거할 수 있고, 짧은 기간에 법력을 증진할 수 있고, 본격적으로 수양할 수 있는 몸을 허락받은 것이고, 신에게 접근할 수 있는 특수한 기도 방식(명상)을 전수 받은 것이다. 이를 네 가지의 '복락(福樂)'이라고 한다. 관정의 가장 큰 법력은 이 네 가지 복락을 통해서 생명 연장의 효과까지도 볼 수 있다는 점이다. 관정은 한 번 집도할 때마다 대략 세 시간 정도 소요되는데 매우 엄숙하고 경건한 분위기 속에서 진행된다. 그 이유는 관정을 해 주는 고승(활불)의 인도 하에 받는 자가 신속히 새로운 경지에 도달하기 위해서이다. 관정 후에는 수기(授記), 즉 밀교의 교의를 낭송하고 동시에 관정을 집도하는 고승이 전수 받는 제자에게 관정의 성취에 반드시 필요한 ① 신주(神咒), ② 수결(手結), ③ 계인(契印)을 집도한다.

당시 마얼파는 이런 관정을 받고자 하였으나 결국 관정과 수기를 받지 못했다. 그래서 그는 직접 인도의 나란다(나란타) 사원을 세 번씩이나 방문하여 전세(轉世)와 기타 현묘한 요가 법을 배워 티베트로 돌아와 카규파의 조사가 되었다. 동시에 그는 티베트에서 최초로 요가 밀법을 전교하였다. 그리고 그가 배운 전세에 관한 요가나 밀법은 훗날 티베트에서 전세활불의 기원이 되었다. 이는 그의 제자 갈마발희(噶瑪拔希)가 전세의 주술로 활불이 된 것으로 입증되었는데, 이것이 티베트에서 최초로 전세활불이 시작하게 된 시점이라 볼수 있다. 전세의 주술은 마얼파의 오랜 수양 끝에 나온 밀교 주술의 하나로서, 나뤄육법의 일종이다. 그것은 '왕생전세투가'(往生轉世偸伽)라는 밀법이다. 이것은 나뤄육법 중의 또 다른 밀법 '중음도망토가'(中陰度亡偸伽)와 더불어 카규파가 티베트 불교에서 중심으로 자리 잡을 수 있었던 핵심 교법이며 이론이라 할 수 있다. 중요한 것은 이 종파의 이러한 밀법 이론이 훗날 활불전세(活佛轉世)의 이론적 바탕이 되었다는 것이고, 티베트 상장 제도의 사상적 체계화에 중요한 영향을 주었다는 것이다. 즉 티베트 상장 제도의 중요한 이론은 윤회와 환생 및 영혼의 이동(차원의 이동)을 이론적으로 완성시켜 일반인들에게 안위와 신뢰를 주었다는 점인데, 이 과정에서 카규파의 '왕생전세투가'와 '중음도망토가'의 밀법은 중요한 역할을 하였다.

'왕생전세투가'는 '포와중각'(破瓦重覺) 혹은 '포와중거'(破瓦仲居)라 하는데 사람의 영혼이 이동하여 다름 사람의 몸에 전이하는 차원의 이동을 의미한다. 일반인들은 이것을 행하기가 매우 어렵다. 따라서 밀법이 충만한 고승, 즉 스스로 주관하여 전생(轉生)을 시키는 능력이 배양된 요가 수행자가 도와주어야 한다. 이때 인도해 주는 고승은 『중음도망경(中陰度亡經)』을 이용하여 일반인의 환생을 도와줄 수 있다. 단 고승은 위에서 설명한 카규파의 두 가지 밀법에 정통한 수행자여야 한다. 티베트에서 이 분야의 권위자는 깨달음의 경지에 도달한 활불들이다. 그들은 원적(圓寂) 후에 스스로 자연스럽게 전세가 가능하다. 포와법에 능통하기 때문이다. 그와 관련된 일화를 살펴보자.[17]

> 큰 스님(활불)이 열반하면서 제자들에게 자신의 환생을 예언했다. "내가 죽고 활불로서 세 번의 환생을 거치면서 17대에 이르러 나는 오묘한 지혜의 지극한 즐거움 중에 안도 없고 밖도 없는 법계 속에 있으리라. 이곳에서 설산의 동쪽 변, 천둥이 치는 곳, 밝은 햇살의 유목민 땅, 그 자리가 '라두'(티베트 동쪽 참두(昌都) 지구의 한 현에 있는 자그마한 마을) 일지니 아버지는 '돈주요' 어머니는 '사가'이다. 나는 여섯 살 되는 해 '가마활불'이 되리니 그 해에 세상이 이 나라를 인정하게 되리라."

이와 같은 활불은 누군가의 몸으로 전이되었다고 확신하면 어린영동(靈童), 즉 전대의 자신을 찾는 시간이 필요하다. 티베트에서 활불들은 특수한 능력을 보유하고 있는데, 예를 들면 자신이 죽으면서 자신이 태어날 방향과 시기 이름 등을 예언하고 조짐을 보여줄 수 있다는 것이다. 활불이 이렇게 할 수 있는 것은 평생 동안 누적된 밀교 수행의 결과이다. 이들은 스스로의 운명을 장악하고 결정하는 법력을 가지고 있다. 사실상 이러한 인문학적 환

티베트의 수행승들은 평소 명상을 즐겨하는데 그 장소 또한 중요하다.
대부분 동굴 속이나 사원 안의 수행방에서 가부좌를 틀고 명상하지만
때에 따라서는 물가에 앉아 흐르는 물을 쳐다보면 하루종일 명상을
하기도 한다.

경은 천년의 세월 동안 티베트가 견고하게 버티고 전통을 전승할 수 있었던 중요한 사상적 토양으로 작용하였다. 다시 말해서 티베트 불교의 생명력은 여러 가지 요소로 전승되어 왔는데, 이중 활불의 전세와 그 전세를 가능하게 해 주는 영혼 관념이 사람들로부터 강력한 신뢰를 얻었기 때문에 가능했다.

결론적으로 티베트인들은 삶과 죽음을 단절이 아니라 연속으로 보았다. 따라서 그들은 유한한 생명의 관념적 연장 형태로서의 사후세계를 믿었다. 비록 육체는 죽더라도 영혼만은 사라지지 않고 살아 움직이는 것으로 믿은 것이다. 그렇기 때문에 그들은 결국 죽은 사람의 시체를 처리하는 데 특별한 주의를 기울이지 않을 수 없었던 것이다.

2. 바람과 함께 하는 장례

죽음이란 어느 누구나 체험하는 보편적인 사건이다. 그런데 이 동일한 사건에 대한 해석은 고대로부터 다양해서 죽음에 대한 이해에 따라 문화권을 구분할 수 있을 정도로 각 민족과 공동체의 특성이 생사관 안에 집약되고 있다고 할 수 있다. 다시 말해 죽음에 어떤 의미와 의례를 부여하느냐에 따라 그 민족이 삶과 죽음을 어떻게 바라보는지 가장 선명하게 드러나기도 한다.

고대로부터 티베트인들은 생명체의 태어남(生)을 자유로이 주관할 수는 없지만, 죽음은 스스로의 노력 혹은 법력이 있는 타인의 능력을 빌려 생명의 종결을 의미 있게 연장할 수 있다고 믿었다. 이는 인간의 죽음은 단순히 생명의 종결을 의미하지 않고, 모든 존재는 영혼을 갖고 있으며 그 영혼은 죽음에 따라 소멸되는 것이 아니라 다른 세상으로 순환된다고 여겼기 때문이다. 이러한 관념은 죽음에 이르러서는 현생의 업을 정화할 수 있고, 심지어 내생(來生)까지도 설계(환생)할 수 있다는 영혼의 전세사상을 받아들였기 때문이다. 이는 티베트인들이 신뢰하는 윤회와 환생의 기본 구도이기도 하며, 이러한 영혼 불사의 사상은 결국 티베트 특유의 상장 관습의 기원과 발전에 영향을 주었다.

티베트의 상장례는 일반인들과는 다른 초자연의 세계를 추구하는 일련의 구도자 집단(라마승, 활불)과 불교사원이 있었기에 가능했다. 이러한 인문학적 사유(思惟)와 전통 속에서 티베트의 장법은 다양하게 형성되고 발전했다. 예를 들면 토장, 화장, 수장, 천장, 탑장 등이 그것이다. 이중에서 천장은 망자(亡者)의 시신을 천장사(天葬師)라는 특정한 라마승이 도구를 사용하여 시체를 해부하고 다듬어서 천국의 사자(使者)인 독수리에게 아낌없이 보시하는 보편적인 장법으로 알려져 있다. 천장은 바람에 영혼을 실려 보낸다는 의미로 풍장(風葬) 또는 독수리에게 시신을 보시한다는 의미로 조장(鳥葬)이라고도 한다.

하늘에 보내는 기원

고대 원시사회에서 티베트인들은 시체의 처리를 어떻게 했을까? 척박하고 건조하여 무엇 하나 건질 것 없는 황량한 오지에서, 인간의 시체는 어떻게 처리했을까? 양과 소와 같이 동물의 취급을 받았을까. 아니면 식어 버린 시신을 어떻게 처리해야 한다는 목적성과 당위성이 있었을까. 살펴보면 티베트 원시사회에서는 시체를 처리하고 기념한다는 인위적인 목적과 의례가 없었다. 그저 동물과 같은 한 인간이라는 존재가 어느 날 죽어 움직이지 않게 되면 야산에 혹은 산 동굴에 방치했을 뿐이다. 그렇게 시체를 방치하여 야생 동물의 밥이 되도록 하거나 부패를 통해 자연으로 환원시켰다.

티베트학자 삼모다덕(糝谋多德)은 토번 시대[18] 티베트인의 시체 처리에 관하여 다음과 같은 기록을 남겼다.

> 사람이 죽음을 당하면, 우선 친지들을 부르고 그 시체를 쪼개어 부순다. 그리고 해골은 술을 담는 도구로 만들어 신성한 상징물로 여겼다.

이는 고대 티베트 '원시 천장'의 흔적을 보여주는 기록으로 볼 수 있다. 원시 천장과 관련하여 또 다른 이야기도 전한다. 토번 시대, 지리적으로 동쪽에 양동(羊東)이라는 지역이 존재했는데 이곳은 고대 티베트의 원시종교, 즉 본교의 발원지 상웅(象雄)이라는 곳과 가깝다. 그리고 이 동쪽에 여국(女國)이 존재했었는데 그 나라의 상장의식은 다음과 같았다.

> 사람이 죽으면 그 머리를 쪼개고, 오장을 끄집어내고, 그 피부를 벗긴다.

이러한 풍속은 당시 티베트의 원시종교인 본교의 상장의식을 모방하거나, 반대로 모델이 된 것으로 보이는데, 당시 본교의 원시적인 상장의식은 돈황(敦煌)에서 발견된 티베트 경전에서도 다음과 같은 '술어' 등이 등장하는 것으로 보아 그 객관성을 신뢰할 만하다. 예를 들면, 해부하는 자(dral chen), 해부당하는 시체(btol chen pa ba), 시체 해부 의식(btol chen po) 등의 술어가 관련 문헌 곳곳에서 발견된다. 이러한 원시적인 상장의식, 즉 시체를 야산에 버리거나 동굴에 방치하고 심지어 시체를 해부하는(btol, 劃尸) 의식은 이미 토번 시대에 존재했으며 이는 시기적으로 토번의 지공(止貢, 755-797)왕 시대에까지 계속되었던 것으로 보인다.

고대 티베트인들의 시체 처리 방법과 관련하여 하늘과 하늘에 산다는 신(天神)에 대한 숭배 사상은 주목할 만하다. 천신 숭배는 고대 티베트 사회의 중요한 가치관이며 인간 활동의 근원적 동력이었다. 그러한 사회적 배경은 하늘의 아들이라는 왕(贊普)을 신화적으로 탄생시켰는데, 그 내용은 하늘이 보낸 왕이 지상에서 죽으면 다시 하늘로 돌아가야했는데 그 왕의 돌아가는 모습이 '마치 무지개와 같다.'는 것이다. 그런데 이런 신화적인 이야기의 형성과 전파가 티베트에서 천장이 탄생하는 최초의 인문학적 배경이라 할 수 있다.

학자들도 천장은 초기 형성 과정에서 기본적으로 천신 숭배 사상의 영향을 받은 것으로 인정한다. 하늘은 신성한 존재이기 때문에 인간은 죽으면 반드시 하늘로 올라가야 한다는 것이다. 이는 당시 원시종교인 본교의 영향을 받았기 때문이며, 본교의 핵심 사상인 만물에는 영(靈)이 존재한다는 만물유영론(萬物遊泳論)이 그 본원으로 작용한다는 의미를 받아들인 것이다. 만물유영론에 따르면 우주는 크게 천(天)·지(地)·지하(地下)로 구성되어 있는데, 본교에는 천을 다스리는 신으로 찬(贊), 땅을 다스리는 신으로 연(年), 그리고 지하를 다스리는 신으로 노(魯)를 설정하였다. 그리고 인간들을 다스리는 통치자, 즉 왕은 천계에서 지상으로 내려왔는데 그를 '찬보'(贊普, 법왕)라 불렀고, 천신의 아들(天神之子)로 인정하였다.

하늘에 제사를 지내는 천장의 형태와 과정을 초보적으로 가지기 시작한 것은 토번 시대 제1대 법왕 네치첸뽀(聂赤赞布)에서부터 8대 법왕 지공첸뽀(止貢赞布)시기까지의 기간, 즉 하늘에서 내려온 일곱 명의 왕(七赤天王)[19]들의 임종시에 행해졌던 장례 방식에서 영향을 받으면서부터이다. 당시 이 일곱 명의 왕들은 모두 천신(天神)이 파견한 천자(天子), 곧 하늘에서 내려온 아들로 인식됐는데, 이들은 죽은 후에는 천승(天繩)이라는 밧줄을 타고 다시 천계(天界)로 승천한다는 전설을 가지고 있었다. 따라서 당시 티베트인들 사이에서는 "칠적(七赤) 왕들의 묘는 하늘에 있는데, 그들이 임종하여 하늘로 올라가면 무지개처럼 사라진다"[20]라는 신화가 광범위하게 전파되고 유통되었다.

사상적인 측면에서 보자면, 초기 본교와 훗날 티베트의 사상적 근간이 되어 버린 불교는 천장 의례의 정신적인 측면에서 뿌리가 되었다고 볼 수 있다. 그러한 이유는 티베트 불교의 핵심 사상인 '인과응보'와 '육도윤회'가 천장을 추동하는 이론적 근거로 작용하였는데, 이것은 천장의 습속을 지속적으로 유지하고 체계화하는 데 있어서 민간에서 유용하게 작용하였기 때문이다.

티베트 불교의 인식에서 사람이 죽으면 영혼이 몸에서 나와 다음 단계로 향하는 곳이 있는데 그곳은 바로 영계(靈界)라는 영역이다. 이 영적인 공간을 티베트에서는 '중음계(바르도)'라고 한다. 이 영역은 몸에서 나온 영혼이 일정 기간 동안 머무르면서 다음 생을 준비하는 곳이다. 따라서 티베트인들은 이 시간을 매우 중요시한다. 전생의 업을 정화하거나 차원이 다른 세계를 경험할 수 있는 좋은 기회이기 때문이다.

그렇다면 티베트인들이 가고자 하는 영혼계란 어떤 곳인가? 일반적으로 현세의 인간이 사는 세상이 물질계이자 색의 영역이라면 영혼이 머무는 공간, 즉 영혼계는 빛과 에너지의 영역이라고 할 수 있다. 따라서 인간이 사는 현생, 즉 물질계와 영혼이 머무르는 그곳(중음)은 근본적으로 주파수와 진동수가 다르다. 시공의 차원이 다른 것이다. 예를 들면 영계는 우리가 사는 세상보다 높은 차원의 에너지를 가지고 있기 때문에 우리는 그곳을 눈으로 확인할 수 없다. 하지만 반대로 그곳에서는 우리의 모든 언행을 내려다볼 수 있다. 그곳의 에너지가 우리보다 높기 때문이다.

영계에서도 영혼의 수준에 따라 머무는 곳이 조금씩 다르다. 영혼의 높고 낮음이 있고, 밝고 탁함이 있는 것이다. 만약 이승에서 자살하거나 나쁜 짓을 일삼다가 죽음을 맞이한 자는 밝고 높은 차원의 영계로 들어가지 못한다. 춥고 어두운 영계에서 현생에서 누적된 과오를 심판받아야 한다. 그래서 티베트인들은 생전에 선업을 많이 쌓아 사후에 밝고 차원이 높은 영계로 가길 원한다.

이러한 영계로 나아갈 때 도와주는 전문적인 가이드들이 티베트에서는 활불들이다. 이들은 평생 죽음 공부와 죽음에 관련된 명상체험과 밀교를 수행한 자들이다. 그래서 그들은 죽음에 임한 자들이 다시 환생할 수 있는 방법과 마음 상태를 전수해 줄 수 있다. 티베트에서 이들의 능력은 깊은 신뢰를 받는다. 사실상 이런 농밀한 종교적 환경과 문화 속에서 티베트의 천장은 형성되고 진화되어 왔다.

천장은 영혼의 이동과 연속성이라는 보이는 않는 흐름을 중요시한다. 따라서 티베트인들의 영혼에 대한 믿음과 신앙은 일반인들의 상상을 초월한다. 그런데 이러한 영혼에 대한 믿음은 티베트 불교 중에서도 초기 각낭파(覺朗派)의 영향이 컸던 것으로 보인다. 이 종파의 가장 중요한 이론 중 하나는 올바른 영혼의 이동을 위해서 몸을 보시(布施)해야 한다는 것이다. 즉 배고픈 동물(독수리)에게 죽은 몸을 아낌없이 보시해야 한다는 것인데, 여기서 말하는 동물이란 독수리이며 불교에서 말하는 공행모(空行母)의 화신이다. 이 종파는 독수리에게 몸을 보시하는 행위와 마음가짐을 최고의 공덕무량(功德無量)의 행위라고 생각했다. 그래야만 영혼이 좋은 곳으로 가서 다시 태어날 수 있다고 믿었다.

티베트의 초창기 원시적인 장법(야장, 野葬)[21]에서 인간적인 장법, 즉 천장으로 전환된 것은 의도적이건 아니건 간에 본교라는 원시적 종교와 그 속에서 출현한 무사(=제사장)라는 탁월한 상징 전문가의 능동적인 개입 때문이라는 것을 인정하지 않을 수 없다. 이를 이해하기 위해서는 우선 현재까지 거론되고 있는 천장의 유래와 발전에 대한 네 가지 설(說)을 먼저 살펴볼 필요가 있다. 첫 번째는 인도전래설(印度來源說)[22]이다. 이 설과 관련한 문헌 기록은 11세기 말에서 12세기 초 인도의 단바쌍지에(丹巴桑結)[23]라는 승려가 현·밀종(顯·密宗)에 득도하여 티베트로 다섯 차례에 걸쳐 전도하러 오는 과정 속에서 천장의 초기 형태를 전파해 주었다는 설이다. 두 번째는 본토기원설(本土起源說)이고, 세 번째는 원시천장(原始天葬)에서 인간의 천장(人為天葬)으로 전환되었다는 주장이다. 네 번째는 중앙아시아 고대 습속의 영향이라는 견해다.[24] 이 중 두 번째와 세 번째는 티베트 현지의 지리적·종교적 배경에 의해 생성된 것이라고 보는 반면, 첫 번째와 네 번째는 천장이 외부의 영향에 의해 형성되고 발전된 것이라고 보는 것이다.[25]

천장이 중앙아시아 고대 습속의 영향이라는 주장은 다음과 같은 사실을 근거로 하고 있다. 당시 조로아스터교는 인간의 시체를 가장 불순한 것으로 인식했다. 그래서 조로아스터교 신자들은 육식동물이 자주 출몰하는 먼 곳에 시체를 갖다 버렸다. 그리고 사람들은 이 시체에 장례의식을 진행했다. 의식에는 독수리를 이용했다. 그들은 독수리를 부패하는 인간의 육신을 깨끗이 제거해 주는 대표적인 정화동물(淨化動物)로 인식했다. 시체는 악령이 깃든 것으로 믿었으며 그래서 그것은 가능한 빨리 정화시켜야 할 대상이었다. 또한 시체의 정화 과정에서의 오염 가능성을 피하기 위해, 시체를 고립시키려고 바윗돌로 탑을 쌓는 작업이 진행되었다. 이 돌탑은 '침묵의 탑'으로 불리었다. 탑의 내부는 편편했는데 한가운데에는 구덩이가 있었으며 각각의 돌탑은 중심을 향해서 세 개의 구역들로 이루어졌다. 이 구역들은 구멍이 있어서 맨 바깥 구역에는 남자들이, 중간 구역에는 여자들이, 그리고 중앙의 구덩이 가까이에는 아이들이 버려졌다. 사람들은 일년에 두 번씩 마른 뼈들을 중앙 구덩이에 버렸다. 그러면 사람들이 뿌린 석회와 태양광선 아래에서 뼈들은 가루로 변해 갔다. 구덩이는 네 개의 운하를 거쳐서 다시금 탄소와 모래로 채워진 지하의 구덩이까지 연결되었다. 마지막에 완전한 정화가 이루어지는 것이다. 이러한 관습은 육신이 완전히 정화되어야만 영혼이 조상의 고향으로 순조롭게 귀향하거나 새롭게 탄생할 수 있다는 믿음과 직결되어 있다.

의외이지만, 중국학자 훠웨이(霍魏)와 리마오마오(李苗苗) 역시 티베트 천장의 기원을 고대 페르시아 장례 습속의 영향을 받은 것으로 주장한다. 페르시아인은 불을 숭배하고 불이 바로 광명, 청정(清淨), 창조, 탄생의 상징이라고 보았다. 지리적으로 페르시아는 티베트의 고대 왕국 상웅(象雄)과 인접하고 있던 관계로 고대로부터 문화적 연계와 교류가 잦았다. 따라서 문화교류와 함께 페르시아의 조로아스터교가 티베트에 전래되었고, 그러면서 이 종교에서 성행했던 천장 의식이 티베트에 전래된 것으로 추정하는 것이다. 즉 조로아스터교에서 행하는 천장 의식과 티베트의 그것이 다음과 같은 점에서 매우 유사하다는 것이다. 예를들면 양자 모두 의식을 전문으로 하는 천장터가 있다는 점이다. 페르시아는 이를 '적몰탑(寂沒塔)'이라 하였고 티베트에는 이를 '천장대'라고 불렀다. 또한 이들은 모두 높은 산봉우리에 위치한다는 공통점이 있다. 더욱 더 흡사한 점은 시신을 독수리가 빨리 완전하게 먹을 수 있게 한다는 것이다. 이런 면을 고려할 때, 티베트의 천장 의식은 페르시아의 조로아스터교에서 영향을 받았다는 것이다.

하지만 티베트 내부의 입장에서는 천장의 의식 형태와 내용을 그들의 원시종교인 본교에서 그 연계성을 찾는다. 고대 티베트인들의 시체 처리 방식은 자연천장이었다. 말 그대로 어떠한 의식과 절차 없이 시체를 산과 들에 그냥 버리는 야장(野葬)이었다. 그러나 이러한 방식은 시간이 지남에 따라 당시 티베트 사회의 정교(政敎)를 장악하고 있던 본교의 영향을 받기 시작했다. 전술했듯이 본교의 핵심 교의는 삼계설(三界說)이다.[26]

즉 이 우주는 하늘, 땅, 지옥의 형태로 구성되었다는 것이다. 티베트인들은 토번 왕조의 제1대 찬보(讚普)인 네치찬보(gnyv khri btsan po)가 천신의 아들이라고 인식했으며, 그는 신령스러운 하늘로부터 내려왔다고 믿었다. 그만큼 티베트인들은 하늘에 대한 경외감이 강했다. 시간이 지남에 따라 본교의 세 가지 요소 중에 천에 대한 관념은 인간의 영혼에 대한 믿음으로 승화되었다. 즉, '인간의 영혼은 하늘로 올라가야 한다(靈魂上天)'는 관념이 지배하게 된 것이다. 당시 이러한 사회적 환경을 조성하는 데 결정적 역할을 담당한 것은 티베트인들의 정신을 리드하던 본교와 제사장이었다. 무사(제사장)의 역할은 기본적으로 티베트 사회의 관혼상제를 주관하는 것이었는데 그중에서도 상장의식을 중시했다. 그의 역할은 인간의 영혼을 신이 존재하는 곳, 혹은 망자의 가족들이 원하는 곳으로 안전하게 인도하는 것이었다.[27]

어쩌면 무사는 당시 지상과 하늘을 이어주는 티베트 최초의 '인문 치유사'였는지도 모른다. 요컨대 그는 하늘에 제사를 지내고, 아래로는 민의(民意)를 감지하여 길흉화복을 점(占)쳐서 악귀를 몰아내고, 고약한 질병으로부터 구제할 수 있는 주술을 겸비한 신의 대리인 역할을 하였던 것이다. 그는 나약한 인간과 절대자인 하늘의 세계를 소통하는 능력자였다. 따라서 고대 본교의 정교(政敎) 활동은 주로 이 사람(무사)을 통해서 이루어졌고, 무사는 상장(喪葬)을 주관함으로써 사회적으로 높은 신분과 영향력을 부여받았다. 심지어 국정을 보좌하는 영향력이 막강한 무사의 경우에는 관례에 따라 아들에게 지위를 세습하기도 하였다.[28]

하지만 티베트 본교의 무사들은 때에 따라서는 신의 예언을 가장하여 티베트 사회의 귀족 세력을 지지하고, 왕실을 공격하기도 하였다. 이러한 활동에 힘입어 본교 무사의 신분과 권력은 점진적으로 극대화되었으며, 토번(吐蕃) 왕조 26대(代)까지 그 힘은 지속되었다. 당시 본교 무사의 역할과 신뢰는 그가 진행하는 제사 의식인 혈제(血祭)로부터 기인한다고 볼 수 있다. 혈제는 티베트인들의 중요한 제사 의례 중의 하나이다. 혈제는 홍제(紅祭) 또는 활제(活祭)라고도 불린다. 일반적으로 소, 양, 말 등을 잡아서 피를 바치는 의식이다. 때에 따라서는 동물들을 신에게 먼저 제사지내고 나중에 도살하기도 한다. 또한 사람을 신에게 바치는 의례도 존재했는데 이를 대홍제(大紅祭)라 했다. 본교의 문헌에서는 대홍제의 사례도 일부 소개하고 있으나 대부분이 소나 양을 바치는 의례를 추구했던 것으로 보인다. 문자로 기록되고 문서로 보관된 최초의 혈제의 내용은 다음과 같다. 3년에 한 번씩, 소와 양을 잡아 하늘에 제사를 지냈다."[29] 대상은 자연계의 각종 신이고 경외와 두려움을 가지고 춤을 추고 북을 치는 것으로 시작된다. 춤은 악귀, 악령, 신에게 보내는 요청과 구애의 표현양식이다.

본교에서 추구하는 장법은 생(生)과 사(死) 중에 특히 사(죽음)를 중시했다. 따라서 사자의 영혼이 안락한 세계로 이동할 수 있도록 해 주는 교법을 중시했다. 본교의 전통적인 상장의식 지침서인 『서장본교도적상장의식(西藏本教徒的喪葬儀式)』에는 당시 상장의 풍경이 자세하게 묘사되어 있는데, 먼저 사람이 죽으면 다음의 두 가지 경우에 빠진다고 이야기하고 있다. 첫 번째가 동물(양, 말, 소 등)의 순장(殉葬)을 통하여 안락의 세계로 갈 수 있는 방법이고, 두 번째는 벌을 받아 암흑·고난의 세계로 가는 것이다. 이 책에서는 두 번째의 세계에 빠지는 것을 막기 위해서는 헌제(獻祭) 혹은 인제(人祭)의 주술의식을 행해야 이를 벗어날 수 있다고 소개하고 있다. 또한 본교의 전통적인 상장례 경전인 『색이의(色爾義)』나 『색이미(色爾米)』 등을 살펴보면, 당시 상장 의식의 각종 행위와 의례 절차 등을 설명하고 있는데 특히 오늘날 천장에서 행해지는 생동적인 해부의 내용과 주술 의례를 담고 있어 그 유사성을 유추할 수 있다.[30] 예를 들면, 본교의 상장의식은 시체를 들판에 버리기 전에 혈육제(血肉祭)의식을 거행하였는데 이 의식의 주된 내용은 시체의 해부와 영혼의 천상(天上)의식이다. 그런데 이 의식에서 가장 중시되는 부분이 '영혼의 이동', 즉 주술사가 시체의 정수리에 손을 가져다 대고, 정수리를 통해 육체에서 '영혼'을 배출시키는 의식인데 이 의식은 오늘날 천장에서 추구하는 '포와'라는 밀교의식과 매우 흡사하다[31]는 것이다.

이러한 상황들을 종합해 볼 때, 천장은 인도 문화에 연원을 두고 있으면서 티베트의 자연조건과 종교의 영향을 받아 티베트 특유의 장례의식으로 발전하였다고 볼 수 있다.[32] 그러나 형성과 발전 과정에서 티베트의 토착 종교인 본교의 교의(敎義)와 제사 내용 또한 잔재하고 있음을 간과할 수는 없다. 여기서 생각해 봐야 할 점은, 당시 본교의 무사와 권력자들은 망자(亡者)의 시체를 이용하여 생자들을 효과적으로 관리하고 통제하는 방법을 연구하였다는 것이다. 이는 그들이 신봉하는 경전과 제사 의식 및 경제적 헌납의 강요성이 엿보이는 종교 의례 속에서 감지된다. 하지만 그러한 방법과 정치성을 띤 종교의식은 훗날 '원시적 천장'에서 인간이 주도하는 '인간적인 천장'으로 전환하는 중요한 계기가 되었다고 볼 수 있다. 원시적 천장이 시체를 해부하지 않고 그대로 들판의 야생 동물에게 먹이로 주는 것이라면 후자는 본격적으로 인간이 장례를 주도하고 여기에 종교의 사상적 교리를 통하여 의미를 부여한 것이다.

어쩌면 제한된 농업보다는 이동과 개방성을 특징으로 하는 유목민족이 대다수인 티베트인들에게 천장의 장법은 선택의 여지가 없는 장례 방식일 수 있다. 유목인들은 물과 초지를 따라 이동하며 살아가기 때문에 비교적 정착 관념이 부족했으며, 자신들 가족의 시신들을 한곳에 묻어 두면 자주 볼 수 없다는 심리적 부담감이 작용했을 것이다. 천장은 당시 이러한 생존 환경을 감안할 때 시체를 처리하는 가장 합리적이고 경제적인 장법이 될수 있었다.

기원의 프로세스

13대 달라이라마 '걀와툽텐갸초(Tubten Gyatso, 1876-1933)'는 영국인 출신의 벨(Charles Bell)과 친분이 깊었다.[33] 벨은 13대 달라이라마의 요청으로 티베트 라싸에서 장기간 머무를 수 있었는데 대략 19년이나 되었다. 그는 라싸에 머무르는 동안 자주 달라이라마와 친교를 나누었으며 티베트의 풍속과 문화를 세심히 관찰했다. 그리고 자신의 저서인 『서장금석(西藏今昔, Tibet: Past & Present)』에서 티베트의 풍속과 문화에 대하여 다음과 같이 밝히고 있다.

> 내가 보기에 티베트의 풍속과 문화는 주로 중국 본토에서 전파되었다. 그
> 리고 종교(불교)는 인도와 네팔에서 전파되었다. …
> 티베트인들은 매일 기도를 한다. 사원에 있는 불탑을 혼자서 돌기도 하고,
> 포탈라 궁으로 가서 온몸을 엎드리면서 주문을 외기도 한다. …
> 그 모습은 마치 신에게 무언가를 간절히 기원하는 모습이다.

티베트에서 기원은 대부분 집단으로 표출되는데, 가장 생동감 있는 내용과 형식을 가지고 있는 것이 상장 의례다. 천장은 그중에서도 공동의 기원과 개인의 기도가 가장 적나라하게 드러나는 장례 방식 중의 하나다.

사람이 죽음에 임박하거나 죽으면 고인의 친지들은 인근 사원의 라마승

을 부름으로써 천장은 시작된다.

티베트에서는 사람의 의식이 혼미 상태에 들어가면 최대 4일을 넘지 않는 것으로 판단한다. 따라서 당사자의 의식이 혼미한 상태에 들어가면 우선적으로 다음의 사항을 착수한다. 첫 번째, 우선 망자의 자세를 바로 잡는다(擺政). 즉 몸을 다시 배열하는 것이다. 예를 들면 머리는 서쪽을 향해, 다리는 동쪽을 향하게 바로 잡는 것이다. 지역에 따라 다르지만 중국 사천성 아바(阿覇) 지역에서는 남자의 경우는 머리를 깨끗이 깎고 여자의 경우는 빗질을 하기도 한다. 두 번째는 고인의 옷을 정리한다. 세 번째는 시체를 안치한 방에다 수유등(酥油燈)을 두 개 이상 켜 놓는다.[34] 그리고 인근 사원에서 라마승을 초빙하는데, 집안의 경제력이 되면 활불을 초빙한다. 그들이 하는 일은 죽음에 임하는 자의 머리 앞으로 다가와 귀에 대고서 반복적으로 불경을 염송하는 것이다.[35] 또한 라싸에서는 죽음에 다다른 자 입에다 진단(津丹)이라는 환약을 물리기도 한다. 티베트의학(藏醫學)에 따르면, 인간의 몸은 내기(內氣)와 외기(外氣)로 나누어지는데 사망에 이르면 내기는 빨리 단절되지만 외기는 여전히 흐른다는 것이다. 이때 이 환약을 복용하는 이유는 죽음에 가까이 간 자가 의식을 다시 한 번 집중할 수 있도록 하고 정서를 안정적으로 배양하여 편안히 죽음으로 유도하기 위해서이다. 그리고 결국 죽으면 몸이 굳기 전에 신속히 티베트 불교의 방식대로 좌화(坐化) 혹은 외태(外胎)의 자세를 취하게 만든다.[36] 이렇듯 실내 안치가 정리되면 다음으로 직계가족 중에 가장 연장자인 남자가 인근의 사원으로 직접 가서 활불을 알현하고 점을 쳐서 출빈(出殯)의 길일을 정한다. 점을 칠 때는 망자의 이름과 띠(屬相), 태어난 날짜와 죽은 시진(時辰) 그리고 배우자·자녀의 이름과 출생연월을 기초로 하고 티베트 불교의 점성학에 근거하여 길일을 산출한다.

출빈 날짜는 일반적으로 다음과 같이 잡는다. 우선 사람이 생물학적으로 죽으면 그의 영혼은 3일 후에야 비로소 몸에서 나올 수 있다. 따라서 이 3일의 기간은 의식의 수면 기간 혹은 영혼의 이동을 위한 준비기간이라 볼 수 있다. 그리고 정작 완전한 죽음이 다가오면 몸 안에 남아 있던 기운이 흩어지기 시작하고 코에서는 백적색의 정액이 흘러나온다. 그리고 시체의 목은 완전히 기울어져 축 늘어진다. 바로 이때 활불과 점성가를 초청하여 점을 치고 애도의 기간을 가짐으로써 출빈의 날짜를 정하는 것이다. 그리고 망자의 청정한 상태, 즉 사악한 기운과 선업의 누적 유무를 점검하는 것 또한 중요하다.[37] 사원에서 초빙된 활불과 점성가들은 망자의 생년월일과 사망의 시점, 장소, 연령, 가정 상태, 사회 지위와 종교적 신앙 상태를 따지는데 이때 점성가들의 실력은 매우 중요시된다.

가정마다 다르기는 하지만 보통 집안에서 시체를 3일 안치한 후, 출빈을 하게 되면 경우에 따라서는 4~7일 사이 동안 진행하기도 한다. 하지만 이런 경우는 매우 드물다. 출빈의 날짜는 장력(藏曆)으로 매달 2일이나 7일, 12일, 23일, 27일 등이 길일로 여겨진다. 그리고 1, 6, 11, 21, 26일만 빼고는 출장(出葬)이 가능하다. 출빈 바로 전날에도 사원의 활불 혹은 고승이 와서 망자의 머리맡에서 초도경을 읽어주거나 그들이 지정한 경전을 수행이 한단계 아래인 라마승이 읽어 주는 경우도 있다.

시체를 실내에 안치하고 영혼을 지키는 3일간의 기간에는 망자의 친지들 혹은 조문객들의 안전과 휴식을 위하여 매일 밤 7~8명의 청년들이 집을 지킨다. 따라서 상을 치르는 집안의 분위기는 어둡거나 적막하지 않고 오히려 활기가 넘친다. 이때 방안을 지키는 임무를 담당하는 사람들을 '찰사(察四)'라고 불리는데 '등불(수유등)'이 꺼뜨리지 않고 계속 밝히는 책임을 맡는다. 이는 망자의 영혼이 안녕과 보호를 받아 중음의 세계로 순조롭게 이동하기를 바라는 마음에서 진행되는 전통적 풍습이다.[38] 그리고 점성가가 정해준

날에 시체를 운반한다. 일반적으로 4일째 새벽에는 출빈하는데 시체의 행상은 주로 망자의 친한 친구들이 책임을 맡는다.[39] 지정된 천장터가 먼 경우에는 유족들이 가족이 고용한 운반원들이 등에 매거나 오토바이에 실어 천장터로 이동한다. 운반된 시체는 천장터 중앙의 커다란 돌 앞에 조심스럽게 안치된다. 이때 망자의 가족 중에 한 명은 미리 현장에 도착해서 차(茶)를 끓여 놓아야 한다. 나중에 시체를 운반해 온 사람들과 현장의 천장사에게 차와 간단한 음식을 대접해야 하기 때문이다. 또한 천장터 주위에 향도 피워야 한다. 일반적으로 미리 준비해 간 송백향(松柏香) 더미나 야크 배설물에 불을 지핀 다음, 쌀·보리 겨를 불 위에 뿌려 짙은 연기를 발생시키는데, 이러한 작업은 시체를 해부할 때 인육의 냄새를 정화시키고 멀리서 떠돌고 있을 독수리를 부르기 위한 준비 작업에 해당된다.

시체의 해부는 사원에서 지정한 담당 천장사 혹은 민간 천장사가 처음부터 끝까지 책임진다. 일반적으로 사원 소속의 천장사가 요청되는데, 그는 죽음에 대한 성찰과 시체 처리에 관한 전문성을 가지고 있기 때문이다. 그는 사원에서 수행을 주로 하지만 의뢰가 오면 지체 없이 해부 작업과 장례 의식을 도맡는다. 저명한 천장터는 시체가 거의 매일 들어오기 때문에 전문 천장사 외에도 현장에서 도와줄 보조 라마승들이 필요하다. 이들의 도움 없이 몇 구의 시체 해부를 혼자 담당하는 것은 매우 힘들기 때문이다. 천장사는 티베트에서 전통적으로 내려오는 해부학 지침서들을 숙지하고 있기 때문에 해부에 능숙하다. 또 사인(死因)에 따라 해부의 방법과 부위는 차이가 있다.

천장사마다 다소 차이는 있지만 구체적인 해부의 순서는 다음과 같다. 먼저 시체가 올라오면 사인을 확인하고 성별을 분별한다. 만약 어린아이이거나 여자일 경우에는 시체를 엎어 놓고 해부를 하기도 한다. 눈과 얼굴을 정면으로 보지 않기 위함이다. 일반 남자인 경우는 미리 머리카락을 깎아 둔다. 하지만 지역에 따라 천장사가 머리카락을 보관해 두었다가 의식이 다 끝난 후에 유족에게 돌려주는 경우도 있다. 본격적인 해부는 목과 양쪽 팔로부터 시작하여 사지(四肢)를 자르는 순서로 진행된다. 그리고 잘려 나간 팔과 다리의 뼈는 작은 망치로 자잘하게 부순다. 얼굴 안면의 살과 오관(五官; 눈, 코, 입, 귀, 피부)을 뼈에서 발라내는 작업은 시간이 걸리고 힘든 작업이다. 따라서 이때 덩어리의 뼈와 살점 분리 작업은 현장에서 천장사를 도와주는 제자들의 몫이다. 머리카락을 깎은 해골은 가장 나중에 부순다. 해부된 시신의 덩어리들은 티베트 전통음식인 짬바와 인도에서 건너온 향료를 뿌려 버무린다. 이는 독수리들이 잘 먹게 하기 위함이다. 시체의 처리는 여름보다 날씨가 추운 겨울에 더욱 힘들다. 특히나 머리카락을 제거해 낸 해골의 경우 망치로 한 번에 부수어야 하는데 잘 되질 않는다. 건조하고 차가운 날씨 때문에 빗겨 맞아 미끄러지기 때문이다. 심지어 몇 번을 반복하다 보면 해골의 뼈가루가 천장사의 얼굴과 팔에 튀어서 상처가 나는 경우도 있다.

시신의 해부 작업이 끝나면 천장사가 망자의 식구들과 독수리에게 신호를 보내고, 이때 주술사는 나팔을 불고 독경을 하여 독수리들이 식사를 하도록 유도한다. 그리고 천국의 사자라고 불리는 독수리들이 날아들어 시체를 먹어치운다. 독수리들은 시체를 다 먹고 나면 창공으로 날아올라 하늘을 빙글빙글 돈다. 이때 어떤 특정한 독수리가 다른 공간으로 이동하면서 배설한다면 그곳이 환생의 장소가 될 확률이 높다. 먹다 남은 시체의 나머지 분해물들은 까마귀와 개가 와서 먹기도 한다. 모든 과정이 끝나면 천장사와 제자들은 그때서야 늦은 점심을 먹는다. 점심을 먹고 나면 제자들은 해부용 도구들을 정리하고 손질하여 사원으로 돌아간다.

하늘 위의 장의사

저 손으로 매일 시신을 다진단 말이지?

밤에는 경전을 들고 낮에는 칼과 도끼를 드는 저 손, 만져보고 싶었다. 어떤 느낌일까.

"스님, 손 한번 만져 봐도 될까요?"

"그럼요, 만져보세요!"

그의 뭉툭한 손등과 손바닥을 덥석 잡았다. 생각보다 손이 따뜻했다. 이순신 장군의 칼을 쥐어 주어도 좋을 만큼 그의 손은 듬직하고 투박했다. 그런 생각을 하는 나를 쳐다보며 무언가를 알았다는 듯 스님은 말씀하신다.

"이 손은 껍데기에 불과한 인간의 몸을 '정화'시켜주는 '손'입니다. 예쁘지는 않지만 더럽지도 않습니다.""나는 이 손을 매우 자랑스럽게 생각합니다."

스님의 말씀을 듣고 다시 한 번, 손을 잡아 보았다. 전체적으로 손의 형태와 라인이 고독해 보이기도 했고, 또 우아해 보이기도 했다. 글로 먹고 사는 사람은 글의 기운이, 술로 먹고 사는 사람은 술의 기운이 얼굴과 손에 은연히 드러나기 마련인데, 이 스님의 얼굴과 손에는 시신의 차가운 기운과 죽음의 어두운 그림자가 보이질 않았다.

얼굴과 키에 비하면 손은 균형이 맞지 않을 정도로 작은 편이다. 하지만 숨이 멈춰 늘어진 시신을 해부할 때, 그의 손은 정교하고 능수능란하다. 그 모습에는 뭐랄까, 어떤 '정신'이 들어 있는 것 같았다.

손에 '정신'과 '신조'같은 것이 있다면 그가 살고 있는 방은 어떨까 궁금했다. 스님의 방은 그저 한 사람만이 누울 수 있는 독방과 사람 둘셋 정도가 겨우 앉을 수 있는 거실 공간, 그리고 세간이라곤 몇 개의 양초와 알 수 없는 경전들이 전부였다. 화장실도 없고 화장지도 없고 거울도 없다. 아마도 인간 생존의 최소한의 조건들, 즉 햇빛·공기·물·바람 그리고 수행을 도와

줄 스승과 경전만 있으면 되는 모양이다.

슬쩍 그가 매일 읽는다는 경전을 살펴보았다. 그 방대한 양과 내가 평생 공부해도 이해할 수 없을 것 같은 이론 앞에서, 그가 갖고 있는 내면 세계의 두께를 실감했다. 그리고 그 경전의 두께 때문에 스님 쳐다보기를 여러 차례 했다. 왜 이렇게 사는 걸까. 무엇이 그로 하여금 이런 생활을 하게끔 만들었을까. 그는 친절하고 사려 깊은 사람이었지만, 그 부드러움 안에는 왠지 사람을 복종하게 만드는 힘이 있었다. 신분과 권력의 힘으로 비열하게 사람을 굽실거리게 만드는 그런 타락한 힘이 아닌, 은근히 발산되는 기운이 느껴졌다.

나는 그런 스님이 좋았다. 하지만 선뜻 다가가지 못하고 비실비실 웃으며 계속 그 주위를 맴돌았다. 넘어서지 못하는 그 경계의 힘이 느껴졌기 때문이다. 그의 차분한 언행과 목소리 톤은 언제나 나를 기분 좋게 만든다. 인간의 목소리가 또 다른 인간을 조정할 수 있다는 사실을 깨닫는다. 간혹 사원 안에서 거닐다가 어쩌다 눈이 마주치기라도 하면 스님은 항상 내 근황을 물어봐 주었고 내 건강에 관하여 유독 관심과 배려를 보여주었다. 그때마다 내가 어설픈 티베트 발음으로 투~제~체~(감사합니다)라고 일부러 크게 말하면 스님은 오직 한 길만을 걷는 구도자만이 보일 수 있는 멋진 미소를 내게 보내 주었다. 헤어지기 전 스님이 해준 말이 기억에 남는다.

"인생을 고통스럽게 하는 것은 마음에서 내려놓지 못하는 것들의 무게 때문입니다. 짐은 적어져야 하는데 점점 많아지기 때문이죠. 버리지 않고 줍기만 하기 때문입니다. …버리세요. …그 마음을 내려놓으세요."

티베트인 타장재단(朶藏才旦)은 자신의 저서 『티베트민족의 상장문화 - 천장(藏族的喪葬文化-天葬)』에서 티베트 천장사의 모습을 다음과 같이 소개하였다.

1930년대 티베트자치구 묵죽공카(墨竹功作)현 갑마향(甲瑪鄉) 강촌(康村)에 살았던 색랑평차(索朗平借). 그는 당시 32세이고 두 명의 아내가 있었다. 본처는 28세이고 두 번째 부인은 16세였다. 본처와의 사이에는 네 살 된 아들이 있었다. 그는 천장사가 되기 전 귀족 가문의 노예였다. 어느 날, 자신이 모시던 가문의 부인이 죽자 그는 그녀를 등에다 업고 천장터로 가라는 주인의 말을 듣고 태어나서 처음으로 천장터를 찾아 나섰다. 처음에는 길을 찾지 못해 시체와 더불어 7일 동안 헤매던 그는 결국 산언덕에 위치한 조그마한 천장터를 발견했다. 하지만 더운 날씨 탓으로 시체는 이미 부패해 냄새가 코를 찌르고 역겨워지기 시작했다. 어찌 할까 난감하던 차에 그곳을 지나가던 노스님이 다가와 말했다. "이보시게, 산자와 죽은 자는 같다네. 다만 몸속에 존재하는 영혼을 어떻게 배웅하는가가 중요하지. 그러니 시체를 두려워하지 말고 이리 내주게나. 내가 그 시체의 영혼을 좋은 곳으로 보내주겠네." 그는 그곳에서 살고 있던 천장사였다. 색랑평차는 그 말에 감화되었고 마음이 평안해졌다. 시체 처리가 끝나자 천장사는 그에게 자기 일을 배울 것을 권하였다. 색랑 평차가 고민 끝에 그러겠다고 하자 이 일을 하려면 세 가지가 중요하다고 일러주었다. 첫째는 시체를 더럽다고 생각하거나 두려워하지 말아야 하는 것이고, 둘째는 재물에 욕심을 내서는 안 되고, 세 번째는 티베트 의학을 열심히 공부해야 한다는 것이었다. 색랑평차는 고민하였다. 그리고 고민 끝에 "네, 하겠습니다"라고 답하고 그 길로 천장사의 일을 이어받았다. 이 세 가지 지침은 오늘날에도 티베트 천장사들에게 요구되는 중요한 덕목이다. 그때부터 색랑평차는 천장사의 소임을 시작하였고 그 후로 8년 동안 총 수백 구의 시체를 처리하였다. 그는 46세에 죽었다.

천장이라는 티베트의 장례문화가 세상에 알려지면서 사람들은 사람 시신의 해부를 직접 주관하는 사람에게도 관심을 가지기 시작했다. 그는 누구일까? 어떻게 살아 있는 인간이 죽은 인간의 몸을 해부할 수 있단 말인가? 하며 그 주동자를 보고 싶어했고 알고 싶어했다.

하지만 그를 만나기란 쉽지 않다. 그는 하늘 위의 장의사이기도 하지만 자아의 구원과 윤회의 해탈을 소망하는 한 사람의 구도자이기도 하다. 그래서 그는 장례가 없는 날은 대부분 다른 수행자들과 함께 사원에서 수행을 한다.

그는 출가한 불교 수행자임에도 불구하고 거의 매일 칼과 도끼를 양손에 쥐고 인간의 시신을 해부하고 다듬어서 독수리에게 먹이로 보시하는 일을 하며 살아간다. 아침과 밤에는 사원에서 수행하지만 낮에는 시체를 처리하는 해부사로 변신한다. 죽음을 맞이한 인간의 시신을 티베트의 전통적인 방식에 따라 장례 처리하고 유족들을 위로하는 역할을 하는 것이다. 따라서 그는 일반인들에게 티베트의 전통과 역사, 개인적 수양, 죽음에 대한 깊은 성찰, 그리고 인간 몸에 대한 해부학적 지식 등에 정통한 죽음의 가이드로 인정받고 있다.

문헌에서는 천장사를 '열갑파(熱甲巴, 시신을 배웅하는 사람)'라 칭하지만 티베트어로는 '동단(東丹, Dromden)'이라 불린다. 티베트에서 천장사는 신분과 법력에 따라 세 부류로 나눌 수 있다.[40] 첫 번째는 마을에서 젊은 청년을 임의로 선발해서 임명하는 것이다. 기본적으로 선량하고 이타정신이 강한 청년을 뽑아서 사명감을 부여하고 본인의 동의를 얻어 천장사로 임명한다. 두 번째는 주로 티베트 불교 닝마(寧瑪)파에서 시작한 방식인데 사원에서 수행 중인 라마승에게 소임을 맡기는 것이다. 이는 사원의 활불이 임명한다. 하지만 거부할 수 있다. 세 번째는 직업적인 천장사이다. 이들은 주로 위장(衛藏) 지역에서 활동하는데 종교적 의식과 사명감보다는 경제적 수입을 목적으로 일시적으로 선택하는 사람들이다. 형제가 하는 경우도 있고 부자가 하는 경우도 있다.

이 부류 중에서 사원에서 임명한 천장사는 티베트에서 전통적으로 내려오는 『지자자해(持著自解)』라는 해부서를 지침서로 삼고 공부를 해야 한다. 이 책 속에서는 사망자의 유형과 분류 그리고 해당되는 해부의 방식에 대하여 세밀히 기록해 놓고 있다. 예를들면 '정사(靜死, 정상적인 노병으로 사망자)'자에게는 몸에다 13개의 십자가 문양을 그려 놓고 '흉사(凶死, 수명대로 살지 못하고 죽은 자)'일 경우에는 12개의 문양을 교차로 칼로 그려 넣고, '역사(逆死, 정신병이나 객사)'일 경우에는 12개의 선을 가로로 그려 넣는다는 식이다. 이는 사인을 확인하고 거기에 상응하는 종교적 문양을 그려 넣음으로써 내생의 업을 정화하고 사악한 기운을 뽑아내어 영혼의 이동을 순조롭게 돕기 위함이다.[41] 지자자해와 함께 보는 의학서는 『월왕약진(月王藥診)』[42]과 『사부의전(四部醫典)』[43] 등이 있다.

사원의 천장사는 매일 스스로에게 다짐하는 바가 있다. 요컨대 자신에게 주문하는 정신적 지침 같은 것인데 다음과 같은 것들이다. 시신을 해부할 때는 어떤 희로애락의 표정을 보여서는 안 된다. 또한 의식의 시작과 끝을 기준으로 유족들에게 어떠한 물질적인 것도 요청해서는 안 된다. 다만 유족들이 감사의 표시로 전해 주는 음식은 받을 수 있다. 그리고 시신 해부의 소임을 맡은 이상 티베트 의학을 열심히 공부해야 한다. 여기에는 인간 몸의 구조와 기능, 영혼과 몸의 관계, 생명과 죽음, 달과 별, 오행과 역법 등이 포함된다.

기억의 공간

티베트에서 신들의 현재(顯在)를 체험할 수 있는 장소들은 대부분 성스럽게 받아들여지고 있다. 그런 장소는 특별한 금기를 통해 더욱 부각되었고 성스러운 장소는 신과 인간의 접촉 지역으로 인정된다. 티베트의 많은 장소들 중에서 천장 의식이 진행되는 구체적인 공간, 즉 천장터는 바로 죽음 의식을 통하여 신과 인간이 교접하는 성스러운 장소 중의 하나이다. 이 장소는 개인적인 공간인 동시에 집단적인 공간이다. 이곳은 개인과 집단의 정체성 형성의 본질적인 요소가 되고, 죽음과 그 너머의 세계로 진입하는 중요한 현장이 되곤 한다.

티베트의 천장터는 두 가지 이유에서 기억의 공간이 될 수 있다. 첫 번째로 그곳은 장례의 장소가 역사적 기념장소로 어떻게 변해 가는지를 보여 주는 곳이고, 두 번째는 그곳이 죽은 자와 살아 있는 자의 상호관계를 통해서 심성적 · 종교적으로 기억과 경험을 확립하는 장소라는 것이다. 따라서 천장터는 사후의 장소이자 계시의 장소이며, 죽음의 장소이자 심판과 다시 태어남을 기원하는 공간이다.

따라서 천장터는 이방인들이 보기에는 동물원에서 희귀한 동물을 찾는 마음이겠지만 내부인들(티베트인들)이 보기에는 그 희귀한 동물을 보호하는 공간이다.

천장터는 대부분 마을의 언덕에 있는 불교사원에서 그리 멀지 않은 산정상 부근에 있다. 이유는 항상 바람이 불어 자연적인 위생 관리를 할 수 있고 더불어 대자연의 정기를 올바로 흡수하기 위함이다. 천장터는 명당 자리를 선호한다. 이는 사원의 고승이 장소의 풍수를 중요시하기 때문이며 천국의 사자라고 믿는 독수리가 현장을 조망할 수 있는 공간에 위치해야 하기 때문이다.

그런데 티베트에서 저명한 몇 군데[44]의 천장터를 제외하면 대부분의 터는 규모가 별로 그리 크지 않다. 대부분이 돌무덤 몇 개와 제단 정도이고 심지어 언덕에 큰 돌 하나만 놓여 있는 경우도 있다. 여기서 중요한 것은 그 터에 규칙없이 놓여져 있는 돌과 도구들은 언어와 문자보다 더 많은 것을 진술할 수 있고 의미를 담보하고 있다는 것이다.

천장터는 자연적으로 형성된 곳도 있고 사원에서 거주하는 고승 또는 천장사가 의도적으로 설계하여 만든 공간도 있다. 터의 결정은 최종적으로 활불의 안목에 달려 있다. 바람의 오고감이 어떠한지, 땅이 건조 상태가 어떤지, 산 정상인지, 독수리들이 거주할 만한 곳인지, 사원과 근거리인지, 물이 있는지 등의 전체적인 지령(地靈)을 보는 것이다. 천장터는 무엇보다 지령이 중요하다. 땅의 기운은 천장사가 주관하는 종교 의례와 맞물려 천장에 영향을 준다. 지령은 현장에 죽음의 아우라를 동반한다. 이곳에는 오직 죽음과

천장터는 사용도 중요하지만 관리도 중요하다. 이유는 시신의 냄새가 오래가기 때문인데 천장 후에 청결과 위생에 주의하지 않으면 천장터를 보존할 수 없다. 중국 사천성과 청해성의 중간에 위치하는 랑목사는 오늘날 티베트에서 가장 대중적인 천장터를 보유하고 있는데 위생문제가 날이갈수록 문제가 되고 있는 대표적인 장소이다.

환생의 공간에서 발생할 수 있는 빛과 에너지만이 있을 뿐이다. 따라서 천장터의 지령과 시신 그리고 독수리와 천장사, 그들 간에 형성된 기류와 에너지는 천장터를 잊지 못할 경험과 기억의 장소로 만들어 준다.

티베트에는 세계에게 가장 크고 전통을 계승하고 있다는 2개의 천장터가 오늘날까지 전해져 내려온다. 바로 티베트자치구에 있는 즐궁(直貢)사원의 천장터와 상예(桑耶)사원의 천장터다. 전자의 경우는 티베트에서 900년 동안 천장의 전통의식과 규모를 온전히 유지하는 곳으로 유명한데, 이 사원은 티베트 카규파(白敎)의 대사 '지에와 지티엔공부'(杰瓦 祭田貢布)가 창건한 것으로 전한다. 이 천장터는 역사적으로 즐궁디엔지아(直貢典佳)라고도 불리며 '영생', 혹은 '영원의 땅'이란 의미를 가지고 있다.[45] 이 천장터의 특징은 크게 두 가지다. 첫째는 전통적인 천장의 방식과 내용이 그 원형성을 유지하고 있다는 점이고, 둘째는 시신의 처리 방법이 매우 원시적임에도 불구하고 청결함을 유지한다는 점이다. 사실 천장의 가장 큰 문제점은 장소의 위생 문제, 즉 터의 위생을 해결해 주어야 한다는 것이다. 실례로 중국 감숙성(甘肅省)의 대표적 황교사원인 라부렁(拉卜楞)[46]사원의 천장터는 악취와 환경 문제가 날이 갈수록 심해져 천장사에 고민을 더해 주고 있는 실정이다.

위생 문제와 관련하여 랑목사(郎木寺, Lhamo Monastery)의 천장터는 최근 주목받는 지역 중의 하나이다. 랑목사는 중국 사천성 아바티베트자치주 녹곡(碌曲)현 관할의 조그마한 진(镇)에 위치한다. 이곳에는 백용강(白龙江)[47]이라는 강이 흐르는데 이 강가를 사이에 두고 감숙성과 사천성에 각각 '랑목' 사원이 하나씩 있다. 감숙성에 속한 사원을 '다창랑무서츨(達倉郎木色赤)' 사원이라고 하는데 간단하게 '서츨스(色赤寺)'라 칭하고 사천성에 속한 사원을 '다창랑무거얼디(達倉郎木格爾底)' 사원이라 하는데 간단하게 '거얼디스(格爾底寺)'[48]라고 호칭한다.[49] 이 사원은 티베트 불교 중에 황교(黃敎) 사원으로 1747년에 창건

됐다. 창건한 인물은 찌아찬거상(嘉參格桑)인데 그는 11세에 출가하고 27세에 라싸로 가서 불학에 정진했다. 그리고 55세에 황교사원인 갈단사(噶丹寺)에서 주지로 8년간 일했으며, 동시에 수행과 법문 강연으로 그 이름을 떨쳤다. 1747년 70세 되던 해에 제7대 달라이라마 거상갸쵸(格桑嘉措)의 허락으로 이 사원을 창건했다. 사원 안에는 제5대 활불의 육신영탑(肉身灵塔)이 보존되어 있으며, 역대 랑목사 활불들의 영탑 또한 온전히 보존돼 있다. 그리고 사원 안에는 10여 가(家)의 작은 사원과 두 개의 전문 수행원이 따로 있는데, 이곳에서 1958년까지 70여 명의 활불과 500여 명의 라마승들이 수행에 전념했던 것으로 전해지고 있다.[50]

하지만 이 사원이 보유하고 있는 천장터는 지령과 풍수에 비해 위생문제가 매우 심각하다. 현장에는 항상 시체의 해골과 남은 뼛조각, 머리카락, 버터 냄새 등이 뒤섞여 관람객들이 매우 놀란다. 여기에는 두 가지 이유가 있

불교사원은 항상 마음을 내려다보는 곳에 건립된다. 이것은 기본적으로 마을 사람들이 무슨 일이 생길때마다 사원을 빨리 찾기 위함이고 지령을 중시하기 때문이다.

다. 첫째, 천장을 주관하는 천장사가 온전히 자신의 임무를 다하지 않기 때문이다. 시신은 끝까지 해부해야 하며, 독수리들이 다 먹을 때까지 자리를 지켜야 하는데 이 원칙이 지켜지지 않기 때문이다. 둘째, 사원에서 현장을 방치하기 때문이다. 이 사원은 다른 사원의 천장터와는 다르게 외부인들이 쉽게 참관할 수 있는 구조로 설계돼 있다. 즉 사원 입구에서 입장표만 구입하면 사원 위쪽에 있는 천장터를 자연스럽게 방문·관람할 수 있는 구조로 설계돼 있다. 이것은 천장터 공개가 사원의 재정에 도움이 되기 때문인데, 반면에 천장터는 날이 갈수록 위생문제가 심해져서 외부인들의 불평과 오해가 심화되고 있는 실정이다.

이방인들이 보기에는 그저 시신을 해부하고 피를 부르는 혐오스러운 장소가 될 수 있으나, 내부인들에게는 삶과 죽음의 흔적을 고증하고 확장하는 의미 있는 기억과 경험의 현장이 될 수도 있다. 이런 면에서 볼 때, 천장터는 다른 어떤 공간보다도 장소의 흡인력이 뛰어나고 종교성이 강한 기억의 공간이라고 할 수 있다.

하늘로 올라가는 존재들

티베트의 어떤 지역에서는 모든 것을 주어도 아깝지 않은, 심지어 인간의 시체까지도 먹이로 준다는 신성한 독수리가 있다. 그런데 정말 사람의 몸을 독수리의 먹이로 줄까?

티베트의 독수리는 문헌 속에서 '천웅'(天鷹)이라 기록되어 나온다. '천웅'은 하늘의 독수리라는 뜻이다. 문헌에 등장하는 '천웅'의 명칭은 다양하다. 티베트어로 'Tgod(치아쩨)'라 칭하며 음역하자면 '고'(古)이다. 내지의 한족(한족)들은 '조(雕)'라 명명하며 중국 서북지역에서는 '고차(古茶)'라고 불린다.[51] 천웅은 크게 두 종류로 구분된다. 즉 검은색과 흰색의 천웅이다. 일반적인 검은색의 독수리는 'thaug-nag(탁-낙)'라 하며 흰색 독수리는 'thaug-dgar(탁-갈)'라 불린다. 티베트 고원에서는 일반적으로 흑갈색의 독수리를 더 많이 볼 수 있다. 만약 천장 의식 중에 흰색의 독수리가 출현하면 그것은 길조로 여겨진다. 망자의 가족들은 물론 의식을 주관하는 천장사와 주술사도 매우 기뻐한다. 하지만 백색의 독수리는 쉽게 나타나지 않는다.[52] 이 독수리는 고원이고 한랭 건조한 기후에서만 무리군을 형성하며 주거하는 특성을 가지고 있다.

천응은 고대로부터 티베트인들이 숭상하는 동물 중의 하나였다. 그 흔적은 티베트의 민간 고사나 천응의 상징적 문양이 새겨진 종교 문양에서도 발견할 수 있다. 예를 들면, 지금도 티베트의 산 입구 주변에 정돈된 '마니석'이나 산 정상에서 펄럭이는 오색의 '풍마기(風馬旗)' 그리고 사원이나 궁전 벽화에 새겨진 여러 그림에서 천응의 문양을 쉽게 발견할 수 있다.

중국학자 초치평(焦治平)은 그의 논문 「티베트민족의 상장풍습을 논하다 (論藏族的喪葬風俗)」에서 티베트의 자연환경이 독수리의 서식지로 적합하다는 점을 다음과 같이 이야기하고 있다.[53]

> 티베트에서 시신을 처리하는 가장 보편적인 방법은 시체를 잘라 들과 산에 버려서 독수리에게 먹이는 것이다. 그 원인은 토장하기에는 땅이 얼어붙어 파기 어렵고, 화장은 나무가 부족하기 때문이며, 수장은 마시는 물을 오염시키기 때문이다. 따라서 라싸 주변의 평원 및 변방의 산골에는 천장터를 지정하여 천장(天葬)을 하게끔 하고 있다.

또한 그는 티베트의 독수리가 천장의 중요한 요소임을 밝히고 있는데 그 이유를 독수리의 몸 구조에서 밝히고 있다.

티베트에서 독수리는 인간보다 신성하게 대접을 받는다. 독수리는
천장터 주변에서 서식하는데 일반인들이 독수리를 찾기는 쉽지 않다.
하지만 시신의 냄새가 나면 독수리는 어김없이 나타난다.

티베트의 독수리는 인간의 시체와 썩은 고기를 좋아한다. 그래서 티베트의 독수리를 자연계의 청소부라고까지 부른다. 고원의 독수리는 각종 시체를 날것으로 먹을 뿐만 아니라, 뼈까지도 씹어 삼킬 수 있는 동물이다. 독수리는 강한 소화능력을 갖고 있기 때문이다. 그리고 독수리는 수천 미터 상공을 날아다니면서 배설을 한다. 티베트에서 그 배설 장소는 환생할 장소를 의미한다. 심지어 독수리 자신은 죽을 때에도 태양을 향해 높게 날아가 태양과 기류가 자신을 몸을 태울 때까지 계속 전진한다. 그래서 독수리를 신성한 동물로 인식한다.

티베트의 원시종교인 본교에서도 독수리를 천신으로 숭상했다. 사람이 죽으면 고인의 영혼을 차원이 다른 세계에 안전하게 이송해 주어야 하는데, 이때 매개체 역할을 하는 신성한 새가 바로 독수리라고 믿었기 때문이다.[54] 티베트에는 이러한 독수리에 대한 티베트인들의 믿음과 신념이 어느 정도인지를 보여주는 유명한 일화가 있다.

M은 미국동부에 있는 R대학 인류학과 교수다. 그는 조류학을 전공했다. M은 교수이면서 사진작가로도 명성을 날리고 있었다. 어느날 그는 티베트에 해괴한 장례 방식이 있다는 소문을 들었다. 특히나 독수리가 인육(人肉)을 먹는다는 설(說)은 그의 귀를 쫑긋하게 만들었다. 그는 호기심이 발동하여 직접 확인하기로 마음먹었다. 자외선을 막아줄 챙이 길게 늘어진 모자와, 자신을 위장하기에 좋은 선글라스, 튼튼한 산악용 신발, 사진기와 스케치북 그리고 단단한 동아줄을 준비한 그는 씩씩하게 히말라야를 넘어 티베트로 잠입했다. 여러 마을을 찾아 헤맸으나 독수리는 한 마리도 보이지 않았다. 그러나 그는 포기하지 않았다. 그러다가 겨우 독수리가 모여 있는 서식지를 찾아냈다. 어

떻게 독수리를 가까이서 볼 수 있을까, 궁리한 끝에 그는 잔인한 꾀를 생각해 냈다. 바로 자신의 몸을 자해하여 독수리를 유혹하는 것이었다. 어떤 부위에 상처를 내면 좋을까. 잠시 고민하다가 살이 많은 허벅지에 칼을 댔다. 피가 흘러나오는 것을 확인한 후 그는 땅바닥에 누워 눈을 뜨고 자는 척했다. 그러나 독수리는 그림자도 보여주질 않았다. 피가 너무 조금인가? 그는 안 되겠다 싶어서 이번에는 옆구리 쪽에 칼을 대고 크게 깊숙이 그었다. 막혀 있던 샘물이 터지듯 피는 콸콸 쏟아지기 시작했다. 그는 나오는 피를 보며 흡족하기도 했지만 두렵기도 했다. 이대로 죽는 것은 아니겠지. 다시 누웠다. 스르르 잠이 들었다. 한참이 지난후에 눈을 떠보니 어느새 저녁이 되었다. 그런데 붉은 석양 뒤로 한 무리의 새들이 보였다. 시조새인가? 날개와 몸집이 너무나 커서 공룡 같아 보였다. 독수리다. 맞아 독수리들이야! 창공을 비행기처럼 선회하는 독수리들이 너무 많아 하늘이 보이질 않을 지경이었다. 그 광경을 보며 놀라고 있을 때, 갑자기 독수리 세 마리가 천천히 하강해 내려오기 시작했다. 커다란 원을 그리면서. 피의 존재를 확인하려는 것일 것이다. 지금이다. 지금이 절호의 기회다. M은 어느새 자신의 얼굴 앞까지 내려와 흰자를 희번덕거리는 독수리의 눈을 정면으로 쳐다보며 재빨리 한쪽 다리를 낚아챘다. 그러자 독수리는 외마디 비명을 지르며 도망가려 했다. 양 쪽의 날갯짓으로 완강하게 버티며 하늘로 올라가려 퍼덕거렸다. M은 몸이 질질 끌려가면서도 독수리의 다리를 놓지 않았다. 끌려가면서도 준비해 간 동아줄을 허리춤에서 꺼내들어 독수리의 발을 묶는 순발력을 발휘했다. 그러는 동안 독수리의 발톱은 꺾이거나 빠져버렸다. 뒷걸음질 치면서 M의 손등과 얼굴을 사정없이 공격한 대가였다. 힘겨운 사투 끝에 결국 독수리를 잡고 말았다. 이미 어둑한 밤이었지만 누가 볼까 두려워 M은 동아줄로 독수리의 한쪽 발목을 옹골지게 묶어 인근 동굴 속으로 질질 끌고 갔다. 피투성이의 몸이었지만 입가에는 성취한 자의 웃음을 머금고 말이다. 햇빛이 들지 않는 습기 가득한 동굴 속에서 독수리는 힘을 잃어 갔다. 하지만 M은 신나고 흥분되어 독수리를 관찰하고 스케치하기에 정신이 없었다. 이놈이 신조라고? 하늘이 보낸 천국의 사자라고? 믿어지지가 않았다. 두 권의 스케치북과 28개의 연필이 소진될 때까지 M은 시간 가는 줄 몰랐다. 그때 그 동굴 앞을 우연히 지나던 티베트인들은 이 광경을 목격하였다. 그들은 너나 할 것 없이 동굴로 쳐들어갔다. M은 무어라 설명할 겨를도 없이 동굴로 쳐들어온 티베트인들에 의해서 알 수 없는 소리를 들으며 돌로 머리를 맞아 죽음을 당하였다. 머리가 깨지고 배가 갈라져 내장이 바닥에 흘러내렸다. 그때 바위에 기대 있던 독수리는 여러 날을 굶어 배가 고팠는지 일어나지도 못한 채 날개를 떨며 탈진 상태에 빠져 있었다. 한쪽 날개는 찢겨져 바닥에 떨어져 있었다. 이를 보고 사람들이 목놓아 펑펑 울었다.

티베트인들이 그 M을 잔인하게 죽인 것과 땅을 치며 통곡한 이유는 독수리가 자신들을 보호해 주는 신성한 동물이기 때문이다. 독수리 중에서도 영혼을 전세(轉世)시키는 신령스러운 독수리를 티베트에서는 '라하(喇霞)'라고 하는데 이 독수리는 다른 독수리에 비해서 몸집도 크고 입부리도 더 날카롭다. 천장터에서 이 독수리가 움직이지 않으면 다른 독수리들도 좀처럼 움직이지 않는다. 지역에 따라 다르지만 독수리는 대략 10-50마리, 많은 지역은 200-300마리 정도가 집단을 이루어 서식한다.

어쩌면 하늘과 가장 맞닿은 곳에 사는 티베트인들은 육지에 사는 사람들보다 하늘에 대한 공포와 두려움이 더욱 크게 다가왔을 것이다. 티베트인들은 하늘에서부터 시작되는 구름, 비, 천둥번개 등의 자연현상을 지구상의 어떤 지역에 사는 사람들보다 가까이서 수시로 접했다. 그렇게 가까이서 하늘을 관찰하면서 하늘의 압도적인 힘을 제대로 느끼게 되었을 것이다. 그렇기 때문에 티베트 사람들이 하늘에 대해 경외와 두려움을 갖게 되는 것은 어쩌면 당연한 일이다.

이런 두려움은 자연스럽게 죽음에 대한 인식으로 연결되었다. 즉 사람은 죽은 후에 영혼이 하늘로 이동한다는 우직스런 믿음이 생겨난 것이다. 이들에게는 하늘이 또 다른 종교이며 신이었기 때문에 초월적인 존재인 하늘이 삶과 죽음을 관장한다고 믿었다. 여기서 티베트 종교의 특징은 발원되었다. 즉 원시종교인 본교와 8세기에 인도에서 전입된 불교의 융합으로 형성된 티베트 불교지만 하늘에 대한 근원적인 숭배사상은 배제할 수 없었던 것이다. 그렇기 때문에 티베트 사람들은 자신들이 두려워하는 대상인 하늘을 아무런 저항 없이 나는 독수리를 보면서 경외하고 숭배하게 된 것이다. 독수리는 티베트에서 그 어떤 생명체보다도 신성하다.

3. 신들과 함께 하는 장례

신라시대 승려 혜초(慧超, 704~787)는 고대 인도의 오천축국(五天竺國)을 답사한 뒤 727년 '왕오천축국전(往五天竺國傳)'을 썼다.[55] 이 책에는 당시 인도 및 서역(西域) 각국의 종교와 풍속·문화 등에 관한 기록이 실려 있는데 토번,[56] 즉 오늘날의 티베트에 대해서도 묘사하고 있다.[57] 다음과 같은 내용이다.

이보다 동쪽에 있는 토번국(吐蕃國)은 순전히 얼어붙은 산, 눈 덮인 산과 계곡 사이에 있는데, (사람들은) 모직물로 만든 이동식 천막을 치고 산다. 성곽이나 가옥은 없으며, 처소는 돌궐(突厥)과 비슷하며, 물과 풀을 따라 이동한다. 왕은 한곳에 거처하기는 하지만 성(城)도 없이 모직물로 만든 이동식 천막에만 의지하는데, (이것을) 재산으로 여긴다. 토지에서는 양, 말, 묘우(猫牛), 모포, 베 등이 나온다. 의복은 털옷과 베옷, 가죽 외투인데, 여자들도 그렇다.

　다른 나라와 달리 기후가 매우 차다. 집에서는 늘 보릿가루 음식을 먹고 빵과 밥은 조금 먹는다. 나라 사람들은 모두 땅을 뚫어서 구덩이를 만들어 누워서 침상이 없다. 사람들은 매우 까맣고 흰 사람은 아주 드물다. 언어는 다른 여러 나라와 같지 않다. 대부분 이(虱)를 잡는 것을 좋아하며, 털옷과 베옷을 입기 때문에 이(虱)가 매우 많다. (이를) 잡자마자 입 안에 던져 넣고 끝까지 포기하지 않는다.

　혜초의 기록을 살펴보면, 티베트의 모든 지역이 일괄적으로 이런 것은 아니지만, 그래도 고대 티베트인들의 삶의 형태와 생존환경을 짐작할 수 있다. 더불어 풍토와 기후, 지형 등의 특징도 상상할 수 있다. 티베트의 다양한 장법은 기본적으로 이러한 환경 속에서 탄생하고 발전해 왔다.

왕들의 장례: 토장

　토번 시대 제8대 왕(khri-gtsug-lde-btsan, 815~838)은 대신 뤄앙(羅昻)에 의해서 피살당했다. 천신, 즉 하늘의 아들이 죽은 것이다. 토번 시대 왕은 이 세상에 출현할 때, 하늘에서 사다리를 타고 내려왔으므로 죽으면 관례대로 사다리를 타고 무지개를 발산하면서 다시 하늘로 올라가야 한다. 앞서 7명의 왕들도 죽음에 이르러 모두 하늘로 사다리를 타고 올라갔다. 그런데 이상한 일이 벌어졌다. 천계(天界)로 올라가는 사다리가 없어진 것이다. 궁 안을 샅샅이 뒤져도 왕만이 탈 수 있다는 사다리는 보이질 않았다. 어찌 된 일일까?

사실 하늘로 올라가는 사다리는 이미 뤄양이 제거해 버렸다. 신하들은 고민에 빠졌고 결국 뤄양의 지시대로 하늘이 아닌 지상에서 왕의 장례를 거행하게 되었다. 티베트인들은 슬퍼하며 거대한 왕묘(王墓)를 건축해 그의 죽음을 애도하였다.

이로부터 티베트 토장의 시대는 시작되었다. 티베트 고대역사서인 『서장왕통기(西藏王統記)』[58]에는 원숭이와 나찰녀(羅刹女)의 합궁 이야기가 나오는데 티베트 민족의 탄생 신화는 여기서부터 시작된다.

오래전 티베트의 수호신인 관세음보살(觀世音菩薩)은 원래 신(神)이었던 원숭이에게 계율을 주어 설역고원(雪域高原)에서 수행을 하게 했다. 그러던 어느 날, 열심히 수행을 하던 원숭이에게 나찰녀가 나타나 결혼을 청해 왔지만, 원숭이는 자신이 수행자이기 때문에 결혼할 수 없다고 거절했다. 그러자 나찰녀는 자신과 결혼하지 않으면 다른 요괴와 결혼해 수많은 요괴 자손들을 낳을 수밖에 없다며 그를 위협했다. 심지어 결혼해 주지 않으면 죽겠다고까지 협박을 했다. 처음에 단호히 거절하던 원숭이도 결국은 자신을 사랑하는 나찰녀의 애틋한 마음에 흔들려 보타산(普陀山)에 머물고 있던 관세음보살에게 찾아가 이 문제를 상의했다. 관세음보살은 "이것도 하늘의 뜻이니 나찰녀와 결혼해 이 설역에 인류를 번영시켜라. 이것 또한 선행이다"라며 결혼을 허락했다. 그리하여 원숭이와 나찰녀는 부부가 돼 여섯 마리의 아기 원숭이를 낳았고 자식들을 과일나무 숲에 보내 스스로 먹고 살게 했다.

3년 후. 원숭이의 후예들은 더욱 번성해 500여 마리에 이르게 되었는데 숲 속의 자연적인 식량으로는 감당할 수 없게 됐다. 자식들이 굶주리는 것을 본 원숭이는 관세음보살에게 다시 도움을 청했다. 관세음보살은 오곡종자(五穀種子)를 수미산에서 얻어와 얄룽창포(雅魯藏布)강 계곡에 심어 먹는 것을 충당케

했다. 그런데 오곡을 먹고 살아가게 된 원숭이들은 어느날부터 몸의 털이 벗겨지고 꼬리가 짧아졌으며, 인간처럼 두 발로 걷게 됐다.

이 이야기는 티베트 산남(山南) 지역 체탕(澤當)[59]에서 대대로 전해져 내려온다. 그런데 이 지역은 티베트 최초의 왕조인 토번이 시작된 곳이기도 하며 토장의 발원지이기도 하다.

역사적으로 티베트에 토장이라는 장법이 가장 성행했던 시대는 토번 시대로 거슬러 올라간다.[60] 이 시기는 중원의 당 시기에 해당되는데, 토번의 군대가 막강해서 당시 당나라의 수도인 장안(長安)까지 쳐들어갔던 그 시기이다. 예상치 못한 토번의 공격에 당 태종은 너무 놀란 나머지 화친 정책으로 문성공주를 토번왕조의 통치자 송첸감포(松贊干布, 617-650)에게 시집보냈다(641년, 당시 문성공주는 24세). 한족의 공주가 변방의 통치자에게 시집간 이 사건은 중원의 문화, 특히 한족의 불교를 청장고원의 티베트에 처음으로 소개시킨 계기가 되었다. 당시 문성공주는 독실한 불교 신자였는데, 이 때문에 티베트로 들어갈 때 유독 불교 서적과 불상을 많이 가지고 갔던 것으로 역사는 전하고 있다.[61]

기록에 따르면, 당나라와 토번의 관계는 당 정관(貞觀) 8년(634년) 11월, 토번의 왕 송첸캄포가 자신의 특사를 당나라의 수도 장안으로 조공(朝貢)보내는 것으로 시작된다. 그런데 그 후 토번의 세력이 점차 커짐에 따라 당나라는 토번과의 정치적·외교적으로 원만한 관계를 맺을 필요가 있었다. 때마침 정관 14년(640년), 송첸감포는 토번왕조의 지혜로운 대신 녹동찬(祿東贊)을 대표로 하는 사절단을 장안에 보내어 당태종(唐太宗)과의 화친에 합의한다. 하지만 문성공주는 당 태종이 자기를 토번의 왕에게 시집보내기로 했다는 소식을 듣고 마음이 매우 심란했다. 토번의 왕과 결혼하여 두 민족이 정치적으로 우호 관계를 맺는 것은 바람직한 일이었지만 그곳에는 아는 사람이 아무도 없고 문화와 풍속도 전혀 다른 변방의 이역으로 떠나야 한다는 생각에 불안한 마음을 떨쳐버릴 수 없었기 때문이다. 태종은 그러한 문성공주를 위해서 많은 혼수품을 마련해 주었다. 각종 가구, 그릇, 패물 비단은 물론 역사와 문학서적 및 각종 기술서적, 의약품, 곡물, 누에알 등이 포함됐다. 그리고 스물다섯 명의 시녀와 악대, 장인들을 함께 딸려 보냈다. 이때 독실한 불교 신자였던 문성공주는 많은 불교 서적과 동불상도 함께 가져갔다. 문성공주는 토번에 도착한 후 왕의 도움을 받아 불교 사원을 건립했다. 티베트 라싸에 세워진 최초의 불교 사원인 대조사(大昭寺, 조캉사원)는 바로 문성공주의 건의에 따라 건축된 것이다. 대조사 안에는 지금도 공주가 가지고 간 석가모니 불상이 모셔져 있다.

토번 시기(617-842)는 청장고원 역사상 처음으로 왕조가 탄생한 시기이다. 즉 역사상 처음으로 이 지역을 통합한 송첸감포 왕의 재임 시기부터 마지막 왕인 랑다마(朗達瑪, 836-842)가 독살될 때까지의 시기를 일컫는다. 티베트 왕조는 이때부터 왕통의 계승이라는 전통을 확립한다. 토번을 건국하고 문성공주와 혼인한 송첸감포 왕은 티베트 역사상 처음으로 티베트 문자를 탄생시킨 현명한 통치자였으나, 아쉽게도 불과 서른네 살의 나이로 죽음을 맞이한다. 당시 그의 묘는 거대하게 축조되었다. 그의 묘는 정방형 내부에 다섯 개의 묘실이 들어 있다. 대문은 서남방으로 하고 가운데 방에는 보석과 황금으로 치장된 관을 모셨고 중앙에는 불상을, 머리 부분에는 산호로 만든 8부 크기의 광명신(光明神)을 모셨다. 그리고 좌우의 방에는 평소 입고 다니던 갑옷과 황금으로 만든 말과 기사를 부장했다. 그 밖에 네 개의 방에도 당·네팔·페르시아·천축·서역에서 보내온 진귀한 보석·비단·공예품·도자기 등을 넣었고 주위에는 백여 마리 말도 같이 순장했다. 그를 위한 장례는 무려 삼개월간 계속되었는데, 그 기간 중에는 티베트인들이 모두 머리를 짧게 자르고 얼굴에는 검은 회칠을 하고 검은 옷을 입었다.

티베트에서 묘장(墓葬)의 풍속이 처음 실시된 것은 7세기 이전으로 거슬러 올라간다. 주지하다시피 티베트의 본교에서는 세계를 천, 지, 지하의 세 등급으로 분류했다. 그중에서 천의 영역은 매우 고등한 영역이었는데 그 우두머리인 천신은 가장 숭배되고, 숭고한 지위를 부여받았다. 따라서 토번의 제1대 왕 이후 7대에 이르는 왕들은 모두 천계에서 하늘의 사다리를 타고 인간계에 내려온 천자, 즉 '천신의 아들'로 숭상되었다. 그리고 그들은 천신의 사명을 다하고 활동이 끝나면 다시 하늘의 사다리를 타고 천상으로 돌아갔다. 그런데 8대 왕 지궁 때에 이르러 이 전설이 사라지게 되었다. 이유인즉 그가 그의 대신 뤄앙과 대결을 벌이다 그에게 살해를 당하고 하늘의 사다리가 잘렸기 때문이다.

『중국국가급풍경명승구총람』를 보면, 티베트왕묘군(藏王墓群)은 전국중점문물보호단위[62]로 분류되어 있다. 티베트 왕들의 묘는 서기 7~9세기 동안 각대의 토번의 최고 통치자인 왕들의 능묘 집단으로 형성돼 있는데, 묘들은 티베트자치구 산남지역의 궁결(琼结) 지역에 밀집해 있다. 토번의 8대왕 마지막 왕인 랑다마에 이르기까지 모두 35명 왕들의 묘가 이 지역에 집중 포진해 있다. 그런데 이들 무덤들이 비야산(조惹山)을 등지고 있고 아롱하(雅砻河)를 앞에 두고 있는 것으로 보아 당시 토번이 배산임수(背山面水)의 풍수사상을 중시하였음을 짐작할 수 있다. 이 능묘군의 전체 면적은 약 1만㎡이며 각 묘의 봉분은 높고 커서 지표로부터 약 10m 내외나 된다. 당시 당나라의 관리가 목격한 바로는 살아 있는 사람을 순장하기도 했는데 그 방법으로 2개의 뾰족한 막대기를 순장자의 좌우 두 개 갈비뼈 사이에 찔러 피를 흘리게 하여 죽였다고 한다.

왕들의 무덤 형태는 크게 두 종류로 나뉜다. 하나는 사각형의 평평한 봉분과 다른 하나는 계단식으로 되어 윗부분이 평평한 형태다. 봉분 중 가장 큰 봉분은 적송덕찬(赤松德赞)의 묘로 사각형의 평평한 봉분은 길이가 180m이며 가장 작은 것은 랑다마묘(朗达玛墓)로 사각형의 평평한 봉분으로 한 변의 길이가 30m이다. 봉분의 절반 이상이 높이 10m 이상이며 그 구조는 대부분 흙, 나무, 돌을 쌓아 만든 것이다. 왕들의 묘가 집중적으로 경결현에 건립된 이유는 서기 6세기경 지금의 산남지구(山南地区) 내동현(乃东县), 경결현(琼结县) 일대, 즉 야룽하(雅砻河) 하곡(河谷)에 거주하던 야룽부락(雅砻部落)이 흥성하여 인근 마을을 점령하고 전체 마을을 통일하였기 때문이다. 송첸감포가 왕위를 계승한 후에는 수도를 라싸로 천도하였으나 경결현 일대는 여전히 토번의 발상지로 기억되었다. 이러한 이유로 티베트 왕들의 능묘가 이곳에 건립되게 된 것이다.

왕묘들 중에서도 가장 눈에 띄는 무덤은 역시 송첸감포와 문성공주의 합장묘다. 이 무덤에는 5칸의 신전이 조성되어 있다. 신전에는 왕과 석가모니, 관세음보살상이 공양되고 무덤의 왼쪽에는 왕이 입었던 전포가, 오른쪽에는 금으로 만든 기사와 전마가 순장품으로 묻혀 있다. 송찬감포 왕묘는 북으로 경결하에 인접하고 남쪽으로 망송망찬묘(芒松芒赞墓)로부터 54m 거리에 있으며 이 두 무덤의 방향은 일치한다. 구조는 비교적 복잡하고 흙과 나무·풀·돌 등으로 조성되어 있으며, 높이는 13.4m로 웅장하다. 원래의 봉토 정상에 사찰인 종목찬랍강(钟木赞拉康)이 건립되어 송찬감포·문성공주·적존공주(赤尊公主) 대신 녹동찬 등의 조상(塑像)을 모시는 사당의 역할을 하였으나, 중국의 문화혁명 중 철거되었다가 현재는 중수되었다.[63] 망송망찬묘는 송첸감포 묘의 남쪽에 있으며 오랫동안 풍우로 깎여 봉분의 벽은 비탈져 있으며 남쪽 벽만이 원래 모습을 지니고 있다. 티베트 왕묘들은 9세기 중후반 노비반란 시기에 상당 부분 훼손되었으며, 오랜 세월에 걸쳐 토양이 유실되어 몇 개의 왕릉은 분별하기 어려운 지경이다. 현재 판별이 가능한 능묘는 9개 정도이다.

『토번왕통세계사(吐藩王統世系史)』에서는 토번 8대 왕의 왕묘는 건축 양식이나 형식이 티베트 본교의 영향을 많이 받은 것으로 설명하고 있다. 『티베트 본교도의 상장의식』에서도 이를 뒷받침해 주는 설명이 나온다.[64] 요컨대 왕 지궁이 임종한 후, 그의 시체를 땅 위에 남겼는데 상웅이라는 지역에서 본파(本波, 주술사)를 초빙하여 그로 하여금 왕묘의 건축 설계를 맡겼다"는 것이다. 돈황(敦煌)의 장문(藏文 P. T. 1042) 편에도 토번 시대의 왕묘는 본교의 상장의식이 농후하게 반영되어 있음을 확인할 수 있다.

곽부만(霍夫曼)은 자신의 저서 『서장본교사료(西藏本敎史料)』에서 토번의 왕 송첸감포의 부친 낭일송찬(囊日松讚)의 왕묘에는 이미 여러 가지 부장품들이 진열돼 있었고 건축의 양식도 사방형으로 높고 웅장하게 만들어졌다고 기록하고 있다. 그리고 송첸감포 시대부터는 왕묘의 건축 양식이 많은 변화를 보였다고 전한다. 그의 왕묘는 여전히 전대 왕들의 사방형을 고수했으나 묘실은 구격(九格) 혹은 오격(五格)으로 분할해 놓았다는 것이다.

토번 시대 왕들의 시체 처리 방식을 기록한 『돈황고장문(敦煌古藏文)』에 따르면, 왕이나 대신들의 상의(喪儀)는 크게 4단계로 나뉘어져 있다. 즉 사(死), 정조(停厝), 부시(剖尸), 그리고 대장(大葬)이다. 하지만 모든 왕들과 대신들이 이 단계를 거치는 것은 아니다. 정조 기간 동안에는 생동적인 헌제 의식을 진행하는데 이를테면 시체에서 영혼 빼내기(降魂) 의식이다. 이 의식은 당시 본교에서 추구했던 상장의식 중의 하나로 여겨진다. 토번 시대에는 원시종교인 본교의 죽음의식이 주류였고 성행하였다. 위로는 왕에서부터 아래로는 일반 평민에 이르기까지 상(喪)을 당하면 모두 본교의 관례대로 살생을 전제로 하는 죽음 의식을 진행해야 했는데, 여기에는 적지 않은 재물이 소요되고 가축의 희생을 필요로 했다. 여기서 주목해야 하는 점은 왕의 임종은 일반인과 달라서 하늘에 제사를 지내는 국장(國葬)의 성격을 가지고 있었는데, 왕의 묘실에는 금, 은, 동, 옥기와, 왕이 생전에 사용하던 의류, 타고 다니던 말 등을 같이 수장(隨葬)하는 풍습, 즉 순장의 풍속이 지켜졌다는 것이다.

『신당서, 토번전』의 기록에는 당시 순장의 풍속을 확인시켜주는 기록이 있다.

> 토번, 군신(君臣) 간에 우의가 있고 죽음을 같이 생각하였다. 그리고 왕이 죽으면 순장을 하였는데, 그곳에는 왕이 생전에 즐겨 입던 옷과 말 등을 같이 넣어 그 죽음을 애도하였다.

이 외에, 당시 수릉(守陵)이라는 풍속이 있었는데 이는 순장의 다른 형태로 보여진다. 예를 들면 송첸감포 왕묘 건설 이후 왕의 생전에 옆에서 왕을 모시던 대신이 왕묘 옆에서 지키는 것을 말한다. 수릉은 기간의 장단이 있으나 종신토록 왕묘를 지키는 이도 있었다. 이런 경우에는 그에게 일체의 부역과 세금을 면제해 주었다. 왕묘 주변은 일체 외부인의 접근을 엄금하는데 이를 위반하는 자가 있으면 엄벌에 처하거나 능을 지키는 자의 개인 재산으로 귀속되었다. 이것으로 당시 왕이나 대신의 토장묘는 그들의 생전 활동과 관념, 매장하는 자들의 관념이나 행위를 이해하는 중요한 통로라는 점을 알 수 있다.

왕의 제능(祭陵)의식은 매우 성대했다. 의식을 진행할 때에는 왕실, 대신, 백성들이 추모하는 물품을 가져와 능묘 앞에 산처럼 헌납했다. 예를 들면 진주, 복식, 양과 말 그리고 음식 등이다. 이러한 왕들의 순장 의식을 통해 당시 토번인의 죽음에 대한 사유구조를 유추해 볼 수 있는데 아마도 당시에도 그들은 죽음 이후에 또 다른 사후세계가 있다고 믿었던 모양이다. 그리고 그러한 화려하고 웅장한 토장의 의례는 훗날 티베트 고승들이 추구했던 탑장에 영향을 주었다. 탑장에 관하여는 뒷부분에서 따로 장을 마련하여 설명할 것이다.

티베트의 토장은 티베트의 자연조건과 밀접한 관련이 있다. 앞에서도 언급하였듯이, 고대 시기에 티베트인들은 동굴이나 들, 산골짜기에 시체를 방치하는 것으로 주검을 처리했다. 고대문헌인 『현자희안(賢者喜宴)』에도 "고대 소방(小邦) 시대에는 사람들의 주거지가 단단한 돌이나 산 속이었다"라고 서술하고 있다. 하지만 시간이 흘러 원시적인 토장과 순장의 형태는 돌을 이용하는 '석관장'의 형태로 변천한다. 즉 토장은 본교의 적극적인 개입으로 종교 색채와 의식이 뚜렷한 새로운 형식으로 변화해 간 것이다. 본교의 시체 처리 방식은 주로 돌각을 이용한 관(棺)을 만들고 시체는 파랑색의 밧줄로 묶고 옹중(擁仲, gyung drung, 卍)형의 관에 안치했다. 그리고 좀 더 구체적인 종교의식을 첨가했다. 장법(葬法)상 본교는 생보다는 사를 중요시했으며 따라서 고인에 대한 의식은 더욱 특별했고 종교적이었다.

티베트 고대 사회의 토장은 '이석위관(以石爲棺)'의 신석기 시대의 묘장 방식을 모방한 것이었다. 예를 들어 티베트 착나(錯那)현 문파족(門巴族) 집단 거주지는 석관묘 방식이 유행했다.[65] 기록을 살펴보면 묘의 입구는 여러 층의 돌을 이용하여 눌러 막아 놓고 있는데, 이는 아마도 영혼은 시체와 떨어져서는 안 된다는 가치관을 보여주는 것이 아닌가 생각된다. 특히나 이 현의 기파(基巴)향의 '추랍(秋拉)'이라는 마을에서는 신석기시대의 석관묘와 흡사한 묘가 대량으로 발견되었다.[66] 하지만 최근까지 이 마을은 수장의 형태를 보편적으로 추구했으며 전염병 환자 같은 경우에만 토장을 진행한 것으로 나타났다.

토번왕실은 사후에도 그 권위와 법통의 영속성을 확보하기 위해서 왕이 죽으면 왕릉을 거대하게 건설했다. 그러나 이러한 토장의 풍속은 기원전 9세기 중엽, 토번 왕조가 멸망하는 시기와 더불어서 급속도로 사라지게 된다. 토장은 왕실에서는 선호하는 장법이었으나 일반 티베트 유목민에게는 불가능한 장법이었다. 왜냐하면 대다수의 유목민들이 천막을 치고 풀과 물을 찾아 이동하는 생계형 유목생활을 하고 있었기 때문에 토장은 그들에게 불편하며, 근심거리를 남겨 두는 셈이었다.

역사적으로 토번 왕조의 마지막 왕인 랑다마가 독살된 이후로 토장의 장법은 그 흔적을 찾을 수가 없다. 왕이 피살된 후 정국이 혼란한 틈을 타 노예들이 봉기하였는데, 그들은 많은 금은보화가 순장되어 있는 왕실의 무덤을 마구 파헤쳤다. 성스러운 왕묘가 보기 흉하게 변하자 일반 티베트인들의 토장에 대한 인식은 급속도로 차가워졌다. 따라서 역사적으로 이 시기 이후부터 토장은 역사 속으로 사라져 가고 말았다.

토번 왕조가 멸망한 이후로 지금까지 티베트에서 토장이 유행의 추세를 되찾은 흔적은 찾아볼 수 없다. 오히려 불교가 전래·도입된 후에 일반 민중들에게 토장은 제일 형편없는 장법 중의 하나로 여겨졌다. 언제부터인가 전염병·임질·천연두에 걸려 죽은 이들이나 살인범 및 살인 미수범은 다시 태어나지 못하도록 토장시켜 버리는 풍속으로 일반화되었다. 티베트는 지역이 매우 광활하기 때문에 외진 산기슭에 구덩이를 파고 시체를 일정한 장례 절차 없이 간단하게 매장시켜 버리면 끝난다. 따라서 토장은 토번 왕조 시대 이후에는 티베트에서 가장 불명예스러운 장례 의식으로 변천되었다. 물론 오늘날에도 토장이 여전히 실행되는 지역이 있다. 예를 들면 사천성의 간즈티베트자치구(甘孜西藏自治区)와 아바티베트자치구(阿坝藏族自治区)의 농촌 지역인데, 똑같은 토장이라도 지역마다 실행하는 장례 형식과 관(棺)은 차이가 있다. 즉 같은 민족이라도 자연 환경과 주변과의 문화 교류 양상에 따라 다른 방식으로 토장이 진행되고 있는 것이다.[67] 예를 들어, 티베트 민족 중에서 뤄파족(珞巴族)의 토장 풍습은 매우 특이하다. 그들은 사람이 죽으면 우선 깨끗한 옷으로 갈아입힌다. 그리고 시체를 원형으로 굽혀 앉히고 천으로 덮어 놓는다. 그리곤 끈으로 동여매어 문 밖의 오른편에 방치한다. 2–3일이 지나면 시체를 매고 토장할 곳을 찾아서 땅을 판다. 시체를 묶었던 끈을 해제하고 시체를 땅속에 바로 눕힌다. 그리고 나무 조각으로 덮고 흙으로 매장한다. 어떤 지역에서는 나장(裸葬)을 하고, 어느 지역에서는 관장(棺葬)을 하고 어떤 지역에서는 일단 매장을 한 후 일정한 시간이 지난 후 시체를 꺼내어 다시 불에 태우는 방식을 취한다. 결국 토장이라고 할지라도 지역마다 장법에는 다소의 차이가 있는 것이다.

토번 시대의 토장(순장을 포함하는)은 당시 통치계급의 가치관을 반영하는 것으로도 볼 수 있다. 또한 당시 사회생산력이 낙후한 정도를 추측할 수 있으며, 죽음에 대한 초보적인 처리 방식을 확인할 수 있다. 이러한 상장의 방식은 훗날 불교의 전입과 발전으로 말미암아 변화를 맞이한다. 불교에서는 생명을 존중하고 살생을 불허한다는 기본 전제 아래서 토장에 동반되는 순장을 금기시하였으므로 티베트 토장은 점차 보편적인 장법에서 자취를 감추거나 특별한 대상, 즉 전염병에 걸린 사람이나 여름에 죽은 사람에 한하여 이루어졌다. 사실상 토번왕조의 몰락은 곧바로 토장의 쇄락을 가져왔고, 시간이 지남에 따라 점차 천장으로 대체되었다.

아이들의 장례: 수장

"저기, 천장은 안 될까요?"

"음, 그건 곤란한데! 천장은 알다시피 온전히 시신을 처리해 줄 전문 천장 사가 필요하고 시신을 먹어 줄 독수리도 필요하고 바람이 잘 부는 장소도 물색해야 하는데, 우리 마을은 그런 조건이 갖춰져 있지 않아. 수장도 물고 기에게 몸을 보시하는 이타행위이니 다음 생에 더 좋은 곳으로 태어날 수 있을 것이네. 동의한다면 내가 사람들을 구해주겠네. 혹시 아이가 전염병에 걸려 죽었을지 모르니 되도록 빨리 시신을 처리해야 할 걸세. 지금 마을 사 람들의 수군거림이 자네 딸의 갑작스런 죽음에 집중돼 있다네."

네살 된 딸아이가 정체를 알 수 없는 병으로 죽었다. 마을에 소문이 퍼졌 다. 누구 집의 딸이 갑자기 죽었다는 이야기는 소리 없이 옆 마을을 거쳐 산 을 두 개나 넘어야 도착할 수 있는 시장에까지 번져 나갔다. 몸에 괴질이 돌 았다느니, 곤충에 물려 몸이 부어 죽었다느니, 굶어 죽었다느니, 알 수 없는 전염병에 걸려 죽었다느니 하는 괴이한 소문은 바람을 타고 번지듯 재빠르 게 퍼져 나갔다.

부모는 이런 이야기를 듣고 마음이 아팠지만 어쩔 수가 없었다. 실지로 딸이 어떤 연유로 죽었는지 알 수가 없었고, 그 수많은 소문 중의 하나가 사 실일 수도 있었기 때문이었다. 시신은 방안에 둔 지 벌써 3일이나 되어 간 다. 아직 봄인데도 불구하고 시신은 빠른 속도로 부패되어 갔다. 부모는 마 을 촌장을 찾아갔다. 장례 의식의 절차를 부탁할 생각이었다. 내심 천장을 기대했다. 그런데 촌장이 뜻밖의 장법을 추천해 주었다. 바로 수장이다. 마 을에서 한 시간 거리쯤 떨어진 곳에 하천이 있는데 물살이 비교적 강하고 물고기들이 많아 수장하기에는 적합다고 했다. 기다렸다는 듯이 수장이라 는 말을 꺼내는 촌장의 얼굴을 물고기로 때려 주고 싶었지만, 그리한다고 해서 천장을 해 줄 것 같지는 않았다. 선택의 여지가 없었다. 애꿎은 촌장의 얼굴만 한참 바라보다 그리 하겠다고 하고 힘없이 집으로 돌아왔다.

4일째 되는 날 아침, 수장사라고 하는 노인네와 두 명의 젊은 청년이 집으로 찾아왔다. 흰 보자기로 덮어 둔 딸의 시신은 그들에게 양도되었다. 딸을 메고 길을 나서는 그들을 따라 부모들도 따라 나섰다. 2시간 정도 걸었다. 중간에 두 번 정도 쉬어 갔는데, 그때마다 메고 가던 딸아이를 바닥에 내려놓은 바람에 흰 포대기 사이로 포대기보다 더 흰 발가락이 삐져나왔다. 저 발가락이 물고기의 입으로 들어간다니…. 부모들은 처음 경험하는 수장이 내키지 않았다. 어느덧 폭포가 흐르는 강의 상류에 도착했다. 수장사가 이미 봐 두었다는 듯이 커다란 돌이 있는 곳으로 시신을 조심스레 내려놓는다. 간단한 의식을 하고 바로 수장에 들어갔다. 머리와 몸통 그리고 사지를 크게 절단하는 사이에 수장사를 따라온 두 명의 젊은 청년들은 주위에서 커다란 돌을 찾아왔다. 절단된 시신은 찾아온 돌에 따로 따로 묶인다. 물에 들어가면 시신이 떠오르지 못하게 위해서이다. 수장사의 마지막 기도가 진행됐다. 아마도 다음 생에는 건강하게 태어나 제 목숨을 다하라는 내용일 것이다. 어린 생명이 여덟 개의 덩어리로 나뉘어 돌과 함께 물로 던져진다. 여덟 번의 풍덩거리는 소리와 함께 시신은 물 속으로 사라진다. 물고기들이 몰려들 것이다. 그광경을 바라보던 부모들은 눈물을 훔치며 자리를 뜨지 못한다. 자식과의 이별, 영원히 잊혀지지 않을 것이다. 한동안 그렇게 바라보다가 현장을 정리하는 수장사와 젊은 청년들에게 집으로 가서 늦은 점심을 먹자고 했다. 태양은 이미 한낮을 지나 오후를 가리키고 있었다.

티베트 수장은 그 기원이 매우 오래된 것으로 추정된다. 그 실마리는 『대당서역기(大唐西域記)』의 다음과 같은 구절에서 찾을 수 있다.

수장의 대상은 전염병이나 객사한 어린아이들이다.

고대 인도에는 다양한 장법이 존재했다. 토장, 화장, 수장, 임장(林葬), 야장(野葬) 등이 그것이다. 그런데 인도의 이러한 장속은 이웃 나라인 티베트로 전파되었다. 이중 수장도 포함된다.

티베트인들에게 물은 성수다. 히말라야로부터 내려오는 물은 야룽창포강에서 그 경이로움과 성스러움의 절정을 보여준다. 모든 물질 자원이 부족한 티베트인들에게 물은 그나마 여유로운 자원이라고 할 수 있다. 인간을 죽이기도 하고 살릴 수도 있는 물, 그래서 그들은 고대로부터 흐르는 하천과 호수를 신처럼 떠받들었다. 그들의 삶에서 삶의 소중한 가치의 초점은 어디에나 존재하는 황량한 땅보다는 귀중한 물에 있었다.

물을 대하는 티베트인들의 사고방식은 그들의 삶의 방식과 우주관 형성에 큰 영향을 끼쳤다. 즉 그들은 소우주인 우리 몸이 물, 바람, 불, 흙으로 구성되어 있다고 생각한다. 이 네 가지 요소들의 공통적 특징은 생성과 소멸을 반복한다는 것이다. 따라서 티베트인들의 장례 방식도 결국 자연으로 돌아간다는 기본 원리에 충실하고 있다. 그들이 추구했던 수장 역시 인간의 육신을 물에 던져 궁극적으로 자연으로 귀의하는 순리를 추구하고 있는 것이다.

수장에 관해서는 티베트 각 지역에서 같은 인식을 공유하고 있지는 않다. 일반적으로 수장은 산림이 적은 지역에서 이루어지는데, 대부분 가난한 사람들이 선택하는 장법에 속한다. 왜냐하면 천장을 하려면 최소한의 여비를 준비하여 의식을 수행할 수 있는 천장터와 라마승(천장사)을 찾아가야 하기 때문이다. 티베트에서 어린아이나 전염병이 들어 죽음을 맞이한 사람은 원칙적으로 천장이나 수장을 해서는 안 되고 토장만을 할 수 있다. 땅속에 묻음으로써 병의 균이 올라오지 못하도록 하기 위함이다. 하지만 예외로 티베트 감자(甘孜)티베트자치주의 탁극기(卓克基) 일대에서는 어린아이가 사망하면 일률적으로 수장을 한다.

수장은 불경의 '시비국왕이신구합(尸毗國王以身救鴿)' 또는 '마가살타사신사호(摩訶薩陀舍身飼虎)' 고사의 사례를 원용하여 인간의 몸을 물고기에게 보시한다는 사상을 가지고 있다. 따라서 고아, 과부, 거지 등 신분이 낮고 물질적으로 풍요롭지 못한 사람들의 장법으로 수장을 선호하는 이유 중의 하나도 이것 때문이다.

티베트의 여러 장법 중에서 수장은 자연환경의 영향을 가장 많이 받는 장법 중에 속한다. 일반적으로 산이 높고 협곡이 있으며 물의 양이 풍부한 지역이 수장을 하기에 좋은 조건이다. 예를 들어 티베트 동쪽 장동(藏東) 지역은 수량이 풍부한 데 비해, 불교 사원과 독수리가 거의 없다. 따라서 천장을 진행하기에는 어려움이 있다. 장동 지역은 본교의 사상이 농후한 지역이다. 본교는 자연신들을 중히 여기는데 티베트인들은 이러한 신들은 산림, 커다란 바위, 하천 등에 숨어 있다고 믿었다. 따라서 이 지역에 수장 풍속이 유행한 데는 이러한 본교 사상의 영향이 크다고 할 수 있다.

장동 지역 티베트인들의 영혼 관념은 매우 사실적이고 구체적이다. 예를 들어, 이 지역 사람들은 사람이 낭서(朗西), 색(素), 나(喇)의 세 부분으로 구성되어 있다고 생각한다. 이중 낭서는 영혼을 말하는데 사람이 죽어서 '파다(巴多, 중음의 기간)'의 영역에 진입하고 49일을 전후로 환생하는 것을 말한다. 색(素)은 명(命)인데 생명의 죽음과 소멸을 의미한다. 나(喇)는 일종의 무형의 그림자인데 인간을 해(害)할 수 있는 귀(鬼)를 말한다. 이런 나(喇)는 인간이 죽은 후, 9년이 지나서야 비로소 소멸한다. 따라서 몸으로부터 영혼이 나오게 하는 작업은 이 나(喇)의 위해를 방지하기 위한 목적도 포함된다. 이것으로 보아 상장 기간 동안 티베트인들은 귀라 여기는 불온한 기운을 의도적으로 의식했고 조심했던 것으로 보인다. 그래서 어떤 지역에서는 상장 기간

중에는 집 문에 거울이나 칼을 걸어 두거나 경문(經文)을 새겨 넣은 돌판(巴卞)을 같이 놓아 두는 경우가 있는데, 이는 불온한 기운으로부터 고인을 보호하기 위함이다.

이와 관련하여, 귀신으로부터 위해를 방지하는 민간적인 방법은 티베트 역법을 통하여 장법을 선택하는 것이다. 이때 선택하는 장법의 근거는 우주의 8대 원소(금/목/수/화/토/산/풍/천)를 바탕으로 하는데, 이는 이 8대 원소가 인간을 구성하는 세부적인 요소이기 때문이다. 역법의 셈은 이 8대 원소와 망자의 띠, 생년월일, 사망의 시진(時辰) 등을 조합하여 계산한다. 이 의식은 아무나 임의로 할 수 있는 것이 아니어서 마을의 촌장이나 인근 사원의 고승을 초빙하여 진행한다. 역법을 계산할 때 주의할 점은, 남자는 시계방향으로 계산하고 여자는 그 반대 방향으로 셈해야 한다는 것이다.

중국 청해성 홍해현(興海縣)에서는 수장의 대상을 다음과 같이 명확하게 규정하고 있다. 첫째, 전염병으로 사망한 자, 둘째, 비정상적으로 사망한 자(피살 혹은 객사), 셋째, 요절한 어린아이의 경우이다.[68] 같은 권역이지만 옥수 티베트자치주에서는 기본적으로 천장과 토장을 겸행하지만 요절한 영아 혹은 사고무친의 고아가 죽었을 때는 수장을 한다. 그러나 티베트의 동부지역인 암도(安多) 지역은 전염병 걸린 사람의 수장은 금기시한다. 이는 생명의 근원인 물을 오염시키기 때문이다.

티베트 후장(后藏) 지역 르카저(日喀則) 라즈(拉孜)현에서는 장법의 종류를 계절에 따라 결정한다. 예를 들어 사람이 여름에 죽으면 수장을 행하고, 다른 계절에 죽으면 천장을 행하는 것이다. 이곳에서 수장을 하는 방법은 사람이 죽으면 먼저 사원의 라마승을 청하여 고인을 위한 만트라를 독경하고, 다시 길일을 택하여 시신을 물이 깊고 유속이 빠른 하천으로 옮긴 후 먼저 칼로 시신을 해체하고, 다시 주먹 크기로 자른 후에 물에 던져 넣어 떠내려가게 한다. 이때 남자일 경우 남근을, 여자일 경우에는 유두를 잘라 항아리에 담아 집으로 가지고 와서 집 부근에 묻는다. 그 이유에 대한 확실한 근거는 없지만 아마도 이러한 행위는 생산력을 숭배하는 사상에서 기인하는 것으로 보인다.[69]

수장은 일반적으로 시체를 강이나 하천가로 옮겨서 시신의 사지를 절단한 후 흐르는 강에 그냥 던져 버리거나 혹은 시체를 분해하지 않고, 하얀 천으로 감싼 후 강에 던져 버리는 방식도 있지만 좀 더 세밀하게 하는 방법도 있다. 예를 들어, 어떤 지역에서는 사람이 죽으면 우선 역법에 능숙한 라마승을 초빙하여 사인을 규명하고 초도(超度)의식을 진행한다. 그 후 시체는 3~4일 정도 집에다 모신다. 그리고 출빈(出殯) 전 시체는 줄로 단단히 묶는데 천장 때와 같이 엄마 뱃속에 있을 때의 그 형태로 묶는다. 즉 두 손이 양 무릎 사이에 끼이고 머리는 약간 굽어져 있어야 한다. 그리고 흰색의 포(布)로 시체를 감싸고 방 한구석에 모셔둔다. 출빈은 길일을 정해야 하므로 역법에 능한 라마승이 점을 쳐서 결정한다.

티베트에서 전해 내려오는 『역산실용대전(曆算實用大典)』에 따르면 출빈의 길일에 관하여 상세히 기록하고 있다. 예를 들면 다음과 같다. 2, 7, 12, 22, 27일은 선일(善日)이라 하는데 천장과 수장에 모두 적용되는 길일이다. 그리고 3, 8, 13, 23, 28일은 승일(勝日)이라 하고, 4, 9, 14, 19, 24, 29일은 공일(空日)이라 하고, 5, 10, 15, 20, 25, 30일은 만일(滿日)이라 한다. 이러한 날짜들에는 기본적으로 출빈은 할 수 있으나 반드시 망자의 생년월일과 띠(屬相)를 배합하여 최대한 길일을 찾아내야 한다.

출빈의 시간과 방향은 지역마다 다르다. 오전에 사망해서 오후에 바로 장례를 치르는 지역이 있는가 하면 어떤 지역은 상술했듯이 라마승을 초빙하여 초도경을 읽고 3일 후에 출장(出葬)을 진행하는 곳도 있다. 출빈의 시간은 밤 9시 이후인데 대부분 동트기 이전 새벽에 시작한다. 출빈은 수장사(水葬師)라는 전문가가 시체를 등에 매고 강가로 이동하는 것으로 시작된다. 시체는 수장사에 따라 날카로운 돌로 해부하여 물에 던지는 경우도 있고, 시체를 큰 돌에 묶어서 물에 던지는 경우도 있다.

티베트의 먼바족은 수장 방식이 특이한 것으로 유명하다.[70] 순서에 따라 적으면 다음과 같다. ① 사망자에게 새 옷을 갈아입히고 어깨에 흰색의 하다(哈达)를 걸친다. ② 사망자의 두 다리를 굽혀 무릎이 앞가슴에 닿게 하고 두 팔을 무릎 위에 교차시켜 쪼그리고 앉은 자세를 취하게 한다. ③ 제상을 차리고 라마승을 모셔다가 이틀 동안 염불하면서 혼을 제도한다. 출상하면 제상에 올렸던 음식을 동네에 나눠준다. ④ 그리고 시체를 업어다가 물살이 센 강가에 내려놓고 옷과 신발, 모자를 벗긴 후, 먼저 머리를 베어 강물에 던지고 다음 두 발을 베며, 나중에 팔다리와 몸통을 여러 토막 내어 차례로 강물에 던진다. 만일 저녁에 장사를 치르면 강가에 모닥불을 피워 놓는다. 먼바족과 뤄바족 외에 아창족, 챵족, 두룽족, 따이족 등도 수장 습속이 있으나 단지 질병이나 뜻밖의 사고로 인해 천수(天壽)를 다 누리지 못하고 사망한 사람에 한해서만 이 방식으로 장사를 지낸다. 수장이 끝나면 시체 해부에 사용됐던 돌이나 칼, 보자기, 혁대 등은 물속에 같이 버린다. 이로써 수장의 의식은 끝이 나는 것이다.

수장과 천장은 그 방식에서는 차이가 있지만 그 근원적인 사상은 물고기와 독수리에게 인간의 몸을 보시한다는 이타사상의 불교관이 공통적으로 자리하고 있다. 이러한 인식 속에서 수장의 물고기는 천장의 독수리와 같은 존재라고 볼 수 있다. 독수리가 천국의 사자라면 물고기는 물의 신인 것이다.

귀족들의 장례: 화장

아버지가 죽음을 맞이하였다. 세 아들은 고민에 빠졌다. 장례를 어떻게 할 것인가? 이 시체를 어떻게 할 것인가? 장남이 먼저 말했다.

"아버지의 시신을 관(棺)에 넣어서 매장하자."

그러자 둘째아들이 말했다.

"그냥 태워(焚火)버립시다."

형들의 이야기를 듣고 있던 셋째아들이 말했다.

"그러지 말고 시체를 그냥 산 정상 아니면 야산에 그대로 버리는 건 어때요?"

이 이야기는 영국인 F. M 토마스(Thomas)의 저서 『동북장고대민간문학(東北藏古代民間文學)』에 나오는 대목이다. 아버지가 임종하자 아들들은 시체처리 방법에 대하여 고민하고 있다. 이 이야기를 소개하면서 토마스는 세 아들의 선택의 근거를 다음과 같이 설명한다. 첫째아들의 경우는 중원 한족의 풍속을 흉내낸 것이고, 둘째아들의 경우는 달단(韃靼)[71]인들의 습속을 모방한 것이다. 그리고 셋째아들의 경우는 티베트인 조상들의 시체 처리 방식을 따르자는 것이다. 여기서 말하는 티베트의 조상들이란 고대 중국서북지역의 저강(氐羌)계 민족을 말한다.

티베트에서 화장은 인도에서 불교가 전입된 이후로 본격적으로 성행하게 되었다. 초기 화장의 방법으로 다차장(多次葬)이 있었는데, 이는 이차장(二次葬)과 삼차장(三次葬)으로 분류된다. 이차장은 '동골이차장(揀骨二次葬)'이라고도 하는데 이것은 고인의 시체가 일단 풍화, 토화, 수침(水浸)의 영향 등으로 부패되고 난 후, 그 유골을 수합하여 다시 처리하는 과정을 말한다.

중국학계에서는 이러한 장법(이차장)에 관하여 다음과 같은 관점을 제시한다. 첫째, 이차장 장법은 고대인들의 신앙으로부터 유래한 것인데, 이는 영혼이 불멸한다는 사유가 핵심이어서, 때가 되면 소멸하는 몸보다는 영혼이 더 중요하다고 생각했다. 따라서 이차장은 당시 몸보다는 뼈의 매장을 통하여 새로운 세계로 진입시키려 노력했던 방법 중의 하나로 볼 수 있다는 것이다. 둘째, 이차장은 토장의 장법이 발전한 것이라는 견해이다. 여기에 관하여 학자들은 이차장 추구의 주요 목적은 사람이 죽은 후에 철저하게 현실 사회와의 단절을 요구하는 데 있다는 것이다. 즉 죽은 이는 생전에 속했던 친족과 사회 집단과의 철저한 단절을 해야 새로운 단계로 진입할 수 있는 것이다. 그래야만 완전한 죽음에 이를 수 있다고 생각했다.

티베트의 화장은 전통적인 의식 절차가 있다. 먼저 본격적으로 화장 의식이 진행되기 전, 유족은 간단한 음식을 준비한다. 출장(出葬)전, 시체는 집에서 사흘간 보존하는데, 그 사흘동안 친지의 부녀자들을 제외하고 대다수의 마을 주민과 친척들은 매일 밤 번갈아 가며 시체를 지켜야 한다. 그리고 방문객들은 각자의 형편에 따라 음식과 돈을 준비해 온다. 사흘째 되는 날, 새벽 다섯 시경에 아침을 간단하게 먹고 납관(納棺)을 시행한다. 이때 화장을 진행하는 관재(棺材)는 두꺼워서는 안 되며 간단하게 조립된 것이어야 한다. 또한 관목(棺木) 위에는 금속의 못이나 색칠을 해서도 안 된다. 관 바닥에는 폭신한 담요를 깔고 시체를 안치한 후, 그 위에는 아무것도 덮지 않는다. 다만 시체의 머리와 양 다리 밑에는 측백나무 가지를 깔아 놓는다. 그리고 관을 덮고 관 위에다 다시 측백나무 가지를 덮는다. 다음 날 날이 밝으면 고인의 친구들이 관을 메고 화장터로 향한다. 이때 가족과 친지 중에 부녀자들은 문 입구까지만 배웅할 수 있으며 화장터 진입은 금지다. 화장 의식을 진행한 첫째 날은 중요하다. 이날 밤은 촌락의 지인 중에서 반드시 한 사람이라도 고인의 집에 와서 조용히 애도하며 술과 차를 마셔야 한다.[72] 이렇게 기본적인 준비 작업이 끝나면 사원의 라마승을 초빙하여 좋은 죽음을 위한

주술 의식을 부탁한다.[73]

　하지만 모든 지역이 이렇게 하는 것은 아니다. 지역별로 조금씩의 차이를 보이는데, 예를 들면 티베트 목아(木雅) 지역의 화장의식의 특징은 다음과 같다. 이 지역은 무엇보다 시체의 안치에 매우 민감하다. 우선 사람이 죽으면 몇 사람의 어른들이 사자의 몸을 따뜻한 물로 깨끗이 닦고 묶는데 흰색의 포(包)로 단단하게 잡아 맨다. 몸을 씻고 난 후, 머리와 수염(털)을 깨끗이 밀고 홍(紅)·백(白)·남(藍)색의 의복을 골라서 입힌다. 모자도 홍색으로 씌운다. 그리고 망자의 머리에는 만(卍) 자를 새겨 넣고 가슴에는 6개의 별 모양과 9개의 화살 모양을 그리고 물고기·소머리·양머리 등을 각각 부호로 그려 넣는다. 시체는 3일을 안치하고 라마승을 초대하여 초도의식을 치른다. 화장을 할 때는 도와주는 사람들을 위하여 유족측에서 곡물과 술을 따로 준비한다. 이를 순서에 따라 정리하자면 다음과 같다. 첫째, 임종 확인 둘째, 인근 사원의 라마승을 초대하여 초도경을 반복적으로 낭송, 셋째, 화장터 선택. 이때 화장터는 일반적으로 높지 않은 산의 평지를 고르고 의식의 제단을 만든다. 평지의 중앙에는 궁(弓) 자형의 아궁이(灶)를 대략 두 척 정도의 높이로 만들고 중앙에 사방형의 조그마한 평대를 만들어서 거기에 시체를 안치한다. 의식을 주관하는 라마승이 장작을 준비하고 불을 지핀다. 넷째, 출장(出葬)전 마을의 친구와 친척들은 돌아가며 와서 추모하고 찬조금을 낼 수 있다. 새벽 5시경 이른 아침을 먹고 동이 트면 바로 염(入殮)을 시작한다. 관의 바닥에는 담요를 깔고 시체를 그 위에 눕힌다. 상체는 가리지 않으며 다만 머리와 두발을 측백나무 가지로 덮는다. 관을 덮고 마(麻)로 된 밧줄로 N 자형으로 묶으면 염은 완성된다. 날이 밝으면 고인의 시체는 발을 앞쪽으로 향하게 하여 지정된 화장터로 간다. 다섯째, 화장을 거행한다. 시체의 화장이 이루어지는 시간에는 시체를 견인해 온 친지나 친구들이 술을 따라 같이 따라온 사람들에게 권한다. 이때 만약 술을 하지 못하는 손님들인 경우는 손에다 약간의 술을 찍어 볼이나 코에다 살짝 발라주는 것으로 그 예를 표시한다. 화장은 대략 한 시간 정도 지나면 살점은 거의 다 벗겨지고 뼈가 보이기 시작한다. 이때 기름과 나무를 첨가하여 화장의 속도를 낸다. 이때 화장터에 온 노인들은 젊은이들에게 먼저 자리를 뜰 것을 요구하고 본인들은 마지막에 내려온다. 이는 다 같이 움직일 경우 망자가 느낄 고독감을 배려하기 위함이다. 남은 자들은 마지막 재를 한곳에 모아 정리 작업을 한다. 이때 라마승은 마지막으로 경을 한 번 더 음송하고 자리를 떠난다.

화장의 장례 의식이 끝나면 시체 운구를 책임졌던 사람들이 삼삼오오 따로 망자의 집으로 돌아온다. 이때 망자의 집 주인은 따뜻한 물을 끓이고 측백나무(柏) 가지를 집 일층에 매달아 두어 감사와 환영의 의미를 표시한다. 그리고 늦은 점심을 대접한다. 식사 전에는 다시 한 번 라마승의 주관으로 간단한 종교 의례를 진행하여 몸에서 떠난 영혼이 자기 집으로 돌아오지 못하게 하고, 좀 더 좋은 곳으로 가길 소망한다.

티베트의 화장은 인도에서 유래됐지만, 사상적인 측면에서는 티베트의 종교(불교와 원시종교인 본교)의 영향을 받아 시간이 지남이 따라 체계화되었다. 따라서 티베트에서는 화장을 매우 신성한 장례의식으로 인정하고 있으며, 시간이 지남에 따라 화장을 할 수 있는 대상자는 일반인이 아닌 종교적 권위와 지위를 가진 자들로 제한되었다. 요컨대 티베트에서 권력을 장악하고 있는 귀족 가문, 고승 라마, 활불 등이다. 하지만 티베트인들이 무엇보다 중요시하는 것은 활불이나 고승 라마들의 화장 후에 나타나는 신성한 '사리'이다. 이를 티베트에서는 '인보(仁賽)'라 칭하는데 '영생의 보물'이라는 의미이다. 한평생 육식을 금하고 불교 수양에 정진해 온 티베트의 고승은 대부분 화장 후에 유골 속에서는 사리가 발견된다. 그러나 어떤 활불들은 화장 후에 유골만 남길 뿐 사리는 존재하지 않는 경우도 있다. 이럴 경우는 진흙과 그의 유골을 반죽하고 불교 경전을 찢어서 함께 조그마한 불탑 속에 간직하는데 이를 티베트에서는 '찰찰(擦擦)'이라고 한다.[74] 찰찰의 기본원료는 기본적으로 황색의 진흙이지만, 경우에 따라서는 불교 경전의 일부를 찢어서 같이 봉합하기도 한다. 이러한 경우는 대부분 사원 안에 '찰찰전(殿)'이라 하는 공식 공간에 보관하여 신도들이 공양하도록 한다. 티베트에서 법력이 높은 라마승이나 활불의 경우 이런 제작을 종종 하는데 이것들은 불탑 꼭대기의 호리병 모양의 병 안에 안치한다. 이 병은 작은 문을 만들어 모든 사람이 안을 들여다볼 수 있게 제작된다.

법력이 높은 활불이 임종을 맞아 화장할 경우, 화장 공간은 좀 더 입체적이고 종교적인 구조로 탈바꿈한다. 우선 화장을 주관하는 라마승이 도안을 기획한다. 예를들면 횟대(긴 나무를 가로질러 선반처럼 만든 것)를 만들고 그 위에다 놋쇠로 만든 작은 솥단지를 놓아 그 속에 시체를 안치하는 식이다. 그리고 시체 위에는 벼(禾)를 덮는다. 이러한 형태로 화장을 한 후, 재가 된 유골은 단지 안에 모셔 둔다. 하지만 일반인이 화장을 할 경우에는 그저 시체를 곡식 위에 올리고 라마승이 경전을 음송할 뿐이다. 화장을 할 때에는 수요 기름이나 보리를 시체 위에 뿌리고 같이 불에 태운다.

『서장고기(西藏古記)』의 기록에 따르면, 이러한 방식은 인도에서 유래됐는데, 고승의 유골은 대부분 사리가 출토되기 때문에 반드시 잘 모셔서 후대에 공양을 받고 그 가치를 기념하기 위해서이다. 티베트에서 이러한 풍속은 훗날 화장이 탑장으로 발전하는 데 중요한 디딤돌이 되었다.

화장에서 중요한 의식 중의 하나는 초청된 라마승이 티베트 밀교에 의거하여 관상법(觀想法)을 진행하는 것이다. 『티베트 사자의 서』에 따르면 이 밀교 교의는 망자를 위한 특별한 의식에 속한다. 관상법은 죽음에 대해 관상

(觀想)하는 것이다. 즉 마음속에 죽음과 관련된 어떤 이미지를 떠올려 거기에 집중하여 관찰하는 방식이다. 관찰은 외적인 죽음의 관찰과 내적인 죽음의 관찰로 나뉘는데 전자의 대표적인 관(觀)이 부정관(不淨觀)이다. 부정관은 시체가 썩어서 분해되는 과정을 9단계로 나누어 상상하여 관찰하는 것이다. 수행자는 묘지 등에서 시체를 관찰한 후에, 머무는 곳으로 돌아와서 그 생생한 이미지를 떠올려서 명상하는 것이다. 이런 명상이 애욕의 허망함에 대한 철두철미한 인식으로 이끌게 되리라는 것을 수행자들은 믿는다. 하지만 부정관을 수행했던 많은 비구들이 자살을 했다고 하는 기록이 있을 정도로 부정관의 수행의 영향은 강력했던 것으로 보인다.[75] 이러한 부정관에서 명상 대상은 실재하는 외계 대상이 아니라 외계 대상에 대한 2차적 모사물인 기억을 통해서 만들어진 대상에 대한 관념적 이미지이다.

다음으로 죽음에 대한 내적인 관찰 방식이란 임종 자리에 누워 자신에게 죽음이 다가온다고 상상하는 것이다. 구체적인 이미지를 마음속에 떠올리고 그 떠올린 광경을 생생하게 관찰하는 것이다. 예를 들어 자기가 죽어 갈 때 부모와 친척, 친구들이 주위에 모여 눈물 흘리고 울부짖으며 혼절하는 모습을 떠올리는 것이다. 자신의 얼굴은 창백해지고, 입술은 메마르게 되고, 이빨에는 누런 태가 덮이면서, 체온과 생명력이 몸을 떠나게 되는 것을 관상한다. 그리고 이 세상에서 지은 자신의 악업들이 마음에 떠오르면서 후회감이 밀려오는 것을 느낀다. 이런 방식은 죽음의 무상감과 공포를 가장 리얼하게 느끼게 해 준다는 점에서 효과가 매우 높다.

화장은 청조(淸朝)의 순치(順治)황제까지도 시행할 정도로 한때 유행이었다. 화장은 그 주요 연료가 목재라 주거환경 및 자연환경과 밀접한 관련이 있다. 예를 들어 티베트 야동(亞東)과 강구(康區)지역은 산림이 울창하고 정글 지대여서 화장을 하기에 매우 유리한 조건이어서 전통적으로 이 지역은 신분과 재정 능력에 상관없이 화장을 할 수 있었다.

하지만 대체로 화장은 일반 티베트인들(농민, 유목민, 농노, 노비, 상인)이 하고 싶다고 해서 누구나 할 수 있는 보편적인 장법이 아니었다. 장례 절차와 비용 그리고 종교의식이 매우 소비적이고 구체적이기 때문이다. 하지만 가장 큰 이유는 지역에 따라 화장용으로 사용해야 할 목재와 연료가 부족했기 때문이다. 따라서 대부분의 티베트의 자연환경 특성상 화장을 시행하는 지역은 극히 일부에 불과했다. 결국 화장은 귀족이나 라마승 또는 활불 정도의 종교적 신분이 되어야만 경제적으로도 무리가 없어 목재를 구입할 수 있고 종교적 의례를 진행할 수 있었다.

신들의 장례: 영탑장

84, 68, 46, 28, 66, 24, 50, 47, 10, 22, 18, 20, 58. 이 13개의 숫자는 무엇을 의미할까? 이 숫자는 티베트에서 역대 달라이라마를 역임했던 13분들의 향년(享年)나이다. 14번째 달라이라마는 인도에 아직 살아 있다. 이 중 4대, 6대, 9대, 10대, 11대, 12대 달라이라마를 역임했던 이들은 모두 비교적 어린 나이에 임종했다. 각각 28, 24, 10, 22, 18, 20세의 나이로 임종했는데 평균 나이는 20세 정도. 세상에 깨달음을 전하기 위해 다시 환생을 했다는 티베트의 신들이 이렇게 빨리 죽음을 맞이한 이유는 무엇일까. 여기에는 세상에 드러나지 않은 숨은 이야기가 전하여 내려온다.

내가(9대 달라이라마) 아직 나이가 어리고 수행에 정진할 시기라 나의 스승(섭정활불)님이 이 나라의 모든 것을 주관하시고 통솔하신다. 내가 수행과 공부를 마치고 티베트 불교 시험에 통과하여 '게시(格西)'라는 자격을 얻으면 스승님은 나에게 모든 종교와 정치의 권력을 이양해 주신다고 했다. 이것은 불교국가인 티베트에서 전통적으로 계승되는 지도자의 과정이다. 나는 그날을 기다리며 매일 명상과 수행에 정진하고 있다.

스승님께서 새로운 옷과 장화를 선물해 주셨다. 여름이 됐으니 시원한 옷과 가벼운 신발이 적합할 것이라는 편지와 함께 말이다. 기쁘고 감격했다. 8대 달라이라마의 환생자로 인정받아 어려서부터 아빠 엄마와 떨어져 이 곳(포탈라 궁)으로 와서 혼자 생활하려니 밤이 되면 서럽고 외로울 때가 있었는데, 스승님께서 자식과 같이 나를 생각해 주시니 감격할 따름이다. 나는 바로 다음날부터 옷을 갈아입고 새 신발을 신고 다녔다. 산과 들 그리고 여름별장인 노블링카(The Norbulinka)로 꽃을 보러 갈 때도 그 새 옷과 신발을 신고 갔다. 신발이 발에 맞지 않아 새끼발가락이 아팠지만 시간이 지나면 발이 신발에 맞을 거라 생각하고 참았다. 그런데, 한 달이 지나서부터 몸이 아프기 시작했다. 감기려니 했는데 그게 아닌가 보다. 한 달간을 조금씩 아프더니 그 후 6개월 내내 시름시름 아파 아예 일어나질 못했다. 하루 온종일 식은땀을 흘리고 어지러움을 느껴 일어설 수가 없었다. 아무도 무슨 병인지 밝혀내지 못했다. 그렇게 1년을 아프더니 어느 날 나는 피를 토하면서 죽었다. 죽어 버린 것이다. 열살의 나이로 말이다.

죽은 후, 내 영혼은 몸에서 나와 또 다른 세계로의 이동을 준비하고 있었다. 그러던 중 내 시신을 화장하는 광경을 목격하게 되었는데 이상한 점을 발견하였다. 화장을 하려고 죽은 내 옷을 벗기고 정리하는데 새로 신고 있었던 옷과 신발 속에서 조그마한 검은색의 비단이 나왔다. '부적'이었다. 그런데 검은색이라니? 검은색은 흉조의 색깔이다. 궁에서는 즉각 저명한 점술사들을 불러 그 부적의 내용과 용도를 알아보게 했다. 그런데 믿지 못할 대답이 돌아왔다. 그 부적은 착용한 사람을 저주하고 아프게 하여 결국 죽게 만드는 '살생의 부적'이라는 것이었다. 나는 너무 놀라고 당황스러웠지만 내 시신은 이미 화장을 시작하고 있었다. 누가 그런 것일까?

티베트에는 세 가지가 많다. 바람, 불교 사원, 탑이다. 고원이기 때문에 바람은 늘 사방에서 불어온다. 수행하는 스님들이 많으니 그들이 거주하는 사원도 많다. 오늘날은 많이 줄어들었지만 과거에는 한 집안에서 아들이 태어나면 반드시 인근 사원의 불교사원에 출가시켰다. 왜 그런가 하면, 불교 수행을 통하여 개인과 집안의 안녕을 소망할 수 있는 것이 좋기도 했지만, 당시 티베트 사회에서 속세와 인연을 단절하고 스님이 된다는 것은 부와 명예를 획득하는 유일한 수단이기도 했기 때문이다. 그래서 동네마다 작은 불교 사원이 있고 큰 도시에는 대형 사원들이 생겨났다. 그런데 사원은 입구부터 티베트 특유의 탑으로 분위기를 자아내고 힘을 발휘한다. 탑(塔)의 종류도 많다. 형식적인 측면에서는 8종류의 탑이 있고 의미로 따지면 3종류가 있는데 의(意), 신(身), 어(語)가 그것이다. 의(意)에 해당되는 탑은 제일 기본이 되는 정신 명정(明淨)을 뜻하고, 신(身)에 해당되는 탑은 불타(佛陀) 혹은 활불의 화신(化身)을 의미한다. 그리고 어(語)에 해당되는 탑은 불타의 경문(經文)을 의미한다.

불탑은 일반적으로 탑좌(塔座), 탑병(塔餠), 탑경(塔頸), 불당(佛幢) 등으로 구성된다. 고승들을 탑장한 영탑의 건축에는 불교의 사상이 함축되어 있으며 사계(四界)의 의미가 응축되어 있다. 그래서 티베트의 고승들은 임종 후 영탑을 통해 육신이 다시 사계의 품으로 돌아가길 원한다. 여기에는 전세의 기본 정신이 담겨져 있으며 티베트 특유의 강렬한 종교 색채를 느낄 수 있다.

티베트에서 화장과 탑장은 일맥상통한다. 탑장은 시신을 화장 후에 좀 더 화려하고 종교적인 색체를 입혀서 영적으로 하고자하는 장법인데 주로 티

포탈라 궁은 백궁과 홍궁으로 나뉘어져 있는데 백궁은 역대 달라이라마의
침실이자 집무실로 사용되었다. 이에 반해 홍궁은 역대 달라이라마의
영탑과 불전을 모셔 놓은 곳이다. 오늘날에도 이곳에 가면 달라이라마의
미이라를 직접 볼 수 있다.

베트 불교 사원 소속의 고승(활불)들이 대상이다. 불교의 사리탑, 즉 찰찰은 탑장의 발전으로 이어졌고 이는 훗날 영탑의 제작으로 발전됐다. 따라서 티베트에서 판첸라마나 달라이라마 같은 고승들은 제자들에 의해서 육신성상(六身聖像), 즉 '미이라'식의 영탑을 구축하는 탑장을 했다. 그 이유는 육신을 보존하는 장법을 통하여 후대의 신도들과 수행승들에게 영원히 존중을 받기 위함이다.

탑장의 방식이 최초로 출현한 시기는 9~11세기다.[76] 탑장의 목적은 보존과 계승성에 있다. 따라서 티베트에서 저명한 고승들의 탑장 처리 방식은 매우 화려하고 웅장하다. 이중에서도 달라이라마와 판첸라마와 같은 고승의 탑장은 매우 특수한 방부제와 염료를 사용하여 보존하는 것으로 전해진다. 이런 경우는 영탑으로 분류된다. 탑장은 화장의 연장선상이다. 말 그대로 먼저 화장을 하고 나서 나머지 부분을 또다시 처리하는 장법이다. 이때 고귀한 사리가 발견되면 그 영험의 종류에 따라 금영탑(金靈塔)이나 은으로 제조한 은영탑(銀靈塔)을 제작한다. 발견된 사리나 뼛가루를 탑 속에 소중히 보관하는 것이다.

탑장은 예술적으로 뛰어난 건축 양식이기도 하다. 탑장은 화려한 외관과 방부 처리한 고승 활불의 육신을 보존하는 내관으로 건축된다. 외부적으로 볼 때, 탑장은 크게 4개의 구성 요건으로 구성된다. 즉 탑좌(塔座), 탑병(塔瓶) 탑찰(塔刹), 탑정(塔頂) 등이다. 이는 불교에서 인식하고 있는 우주 세계의 구성 요소, 즉 토·수·화·풍의 요소를 대응시킨 것이다. 따라서 탑좌는 흙(土), 탑병은 물(水), 탑찰은 불(火), 탑정은 바람(風)에 해당된다. 이러한 요소는 통일되며 상호 순환하는 기능을 가진다. 따라서 탑장의 건축은 일반 장법과는 다르게 세심한 기획과 과학적 측량이 요구된다. 내관의 경우 활불의 미이라와 함께 진귀한 보물과 많은 경전이 들어간다. 예를 들면 5대 달라이라마의 경우, 그의 탑장에는 다음과 같은 내용물이 들어갔다. 패엽경전인 『시륜주소(時輪注疏)』 일부, 연화생(蓮花生)이 즐겨 읽던 『십만송약경(十萬頌若經)』, 손으로 필사한 『오부잠언(五部箴言)』, 대장경인 『감주이(甘株爾)』, 종카바(宗喀巴)대사의 경전 38권, 그리고 1대, 2대, 3대, 5대 달라이라마의 경전 등이다.[77]

탑장과 영탑은 일반인들이 할 수 있는 장법이 아니다. 티베트에서 활불로 추앙받고 선택받은 고승에게만 적용 가능한 방식이다. 지금도 티베트의 심장인 라싸의 포탈라 궁에 들어가 보면 역대 달라이라마의 진귀한 영탑 모습을 볼 수 있는데 그 영탑은 수많은 금은보화와 알 수 없는 희귀한 장식물로 화려하게 채색되어 있다. 위대한 활불의 육신에 금으로 도금을 하는 것은 황금은 색이 변하는 법이 없을 뿐 아니라 항상 순수하기 때문에 티베트에서는 숭고한 색으로 간주되기 때문이다. 따라서 황금색은 달라이라마의 공식 색깔이기도 하다.

탑장은 사상적인 측면에서 볼 때 그들의 원시종교인 본교의 영향을 많이 받았다. 본교의 상장지침서인 『색이미』의 기록에 따르면, 본교의 고승들은 임종하면 화장의 방식을 취하였다. 그런데 화장을 치르고 나서 남은 유골 가루를 처리하는 과정에서 진흙과 경전 등을 함께 합장하는 방식이 이루어졌는데 이것은 소불탑(小佛塔)의 형식으로 제조되었다. 이 조그마한 불탑은 사원의 모퉁이에 창이 없는 수행 방에 모셔졌고, 티베트인들은 이를 보고 경건하게 참배하였다. 이러한 소불탑의 형식은 오늘날에도 티베트의 사원에서 볼 수 있다.

생명을 가진 존재(sattva)를 유정(有情)이라 한다면 모든 유정은 심리적 요소를 수반하고 있다. 이는 물리적 요소와 확연하게 차이 나는 것이다. 불교에서는 가장 미세한 심리적 요소인 식(識)을 생명의 본질적 요소로 본다. 식은 명근(命根)과 함께 생명체의 필수적인 요소로 간주되고 있다. 티베트 불교의 원리에 따르면, 모든 존재는 업력에 따라 윤회한다. 그런데 이 윤회의 수레에서 자유로울 수 있는 인간이 있다. 그는 달라이라마와 같은 높고 깊은 경지에 도달한 수행자들이다. 그들은 환생(sprul sku) 의식을 통하여 영혼을 세습하는 능력이 있다. 다시 말해서 그는 스스로의 법력으로 생사를 조정할 수 있고 다시 인간으로 태어날 수 있는 특수한 존재들이다. 그런데 그는 어떻게 스스로 생과 사의 과정을 통제할 수 있을까? 이를 이해하기 위해서는 『죽음 앞에서 참된 자신을 발견하기』[78]의 일부를 살펴볼 필요가 있다.

> 밀교는 중생의 신체와 마음에는 각기 거친 것과 미세한 것이 있다고 말한다. 거친 것은 우리의 외적인 신체를 구성하는 요소들이며 미세한 것은 에너지로서의 풍이다. 마음에도 6식이라는 거친 형태의 마음이 있고 또 미세한 풍에 올라타서 작용하는 미세한 마음이 있다. 이 미세한 마음은 곧 법성으로서 불생불멸하는 존재로 간주되고 있다. 거친 마음은 심(sems)이라 불리고 미세한 마음은 명(rig pa)으로 불린다. 여기서 명은 마음이 가진 원래적인 앎의 측면을 말하는 것이다. 이와 같이 모든 존재 속에는 마음과 에너지가 거칠고 미세한 형태로 공존하는 것이다. 죽음의 순간에 거친 에너지는 미세한 것으로 용해되고 미세한 식이 자동적으로 생겨난다.

밀교 수행의 목적은 명상 속에서 이런 경험을 선취하는 것이다. 그럼으로써 죽음의 시간에 일어나는 것과 같은 그러한 해체의 단계를 경험할 수 있는 것이다. 이런 경험을 획득한 밀교 요가 행자는 죽음을 준비할 수 있으며, 죽음의 과정 동안에 이를 통제할 수 있는 것이다. 티베트에서 이것을 오랜 시간에 걸쳐 체계적으로 수행한 사람이 바로 달라이라마와 같은 활불들이다. 그들은 죽음과 죽음 과정 그리고 환생에 대한 완벽한 통제력을 어려서부터 익힌(선행훈련) 고승들이다. 즉 죽음, 중유, 다시 태어남의 선행 학습을 통하여 화신(化身)으로 현현할 수 있는 능력을 배양한 자이다. 하지만 이런 훈련 과정에서 죽음과 중유의 상태 등은 현실적으로 수행자가 경험할 수 있는 것이 아니기 때문에 이를 명상 속에서 이미지화하는 것, 관상하는 작업이 필수적이고, 그러한 관상 수행이 티베트 밀교의 핵심이다.

달라이라마가 종교적으로 신격화되는 가장 큰 이유 중의 하나는 그가 밀교 수행(무상요가탄트라)의 높은 경지에 올랐다고 믿기 때문이다. 그가 하는 수행 중의 하나가 바로 '포와법'인데 이는 '왕생전세투가'라는 밀법에 의해서 구체화된다. 이 밀법의 수행은 다음과 같이 이루어진다.

사람은 영(靈=識)과 육(肉=蘊)으로 조화되어 있다. 이를 속인의 입장에서 보면 인간은 온(육체)이 식(心靈)을 인도한다. 그러나 왕생전세투가의 수행이 풍부한 출가자의 입장에서 보면 이는 반대다. 즉 식이 몸을 지배하는 것이다. 온(육체)은 4대 요소(지, 수, 화, 풍)로 구성되어 있는데 기(氣)는 이 4대 요소를 통솔한다. 따라서 기는 사람을 살아 있게 만드는 중요한 요소이다. 즉 기가 끊어지면 사람은 죽는 것이다. 그럼 기가 끊어질 때 몸은 어떤 변화를 보이는가? 일단 몸이 서서히 식어간다. 사람의 심장(心)에는 따뜻한 기운(暖氣)이 있는데 기가 끊어져 지수화풍이 자연스럽게 분해될 때 심장에 있는 이 온기는 매우 중요하다. 요컨대 죽음의 과정이 진행될 때, 바로 왕생전세투가의 밀법을 사용하여 이 온기를 장악하는 것이다. 즉 이 기운을 영혼과 함께 같이 이동시키는 것이다. 이를 위해서는 명점(明点)을 사용하는 내관법(內觀法)이 필수적이다. 밀교의 원리에서 보면, 인간의 신체는 기(氣), 맥(脉), 명점으로 구성되어 있는데 명점은 맥도(脉道)에 위치한다. 기는 이 맥도를 통해 운행

되고 순환된다. 따라서 이 삼자는 서로 불가분의 관계이고 상호의존적이다. 신체의 명도를 통해 기와 마음이 이동할 수 있는 것이다. 따라서 이 기와 마음이 이동하는 장소, 공간, 대상을 자유로이 스스로의 의지로 선택하여 왕생과 전세를 하고자 수행하는 것이 포와법의 요체이며 환생할 수 있는 방법이다.

이러한 시공을 넘어선 '차원의 이동'을 자유로이 주관할 수 있는 능력을 가진 자가 바로 활불이고 그가 임종하면 하는 장법이 바로 화장과 탑장을 통한 '영탑'의 조성이다. 영탑은 화장을 출발점으로해서 탑장의 화려한 형식을 추가하여 제작하는 불탑을 말하는데 크게 세 종류로 나뉜다. 수성탑(殊腥塔), 천강탑(天降塔), 보시탑(菩提塔) 등이 그것이다. 하지만 이런 종류의 불탑일지라도 모두 공통점을 가지고 있는데 그것은 불탑이 '복체식'(復鉢式)이라는 점이다. 이를 '복발식불탑'이라고도 하는데 이는 인도에서 처음으로 시작됐다. 이 '복발식불탑'은 티베트 불교 전 종파에서 모두 관심을 보였다. 이 형태는 티베트 고승들이 즐겨했던 영탑식으로 줄곧 사용됐다. 훗날 달라이라마와 판첸라마의 영탑 형식 역시 이 복제식불탑을 기초로 제작되어 티베트 불탑의 변화와 발전에 큰 영향을 끼쳤다.

영탑은 시체를 방부제 처리한 후 영원히 보존하는 공간으로 윤회의 질서를 벗어난 곳이다. 탑장의 형식이 이미 전홍기(前弘期), 즉 불교가 티베트에 전입되던 시기부터 출현했다면 영탑은 티베트 불교 후홍기(后弘期)부터 시작되어 전국 각지로 번져 나갔다. 티베트에서 최초의 영탑은 기원전 8세기 토번의 법왕 적송덕찬의 시기로 거슬러 올라간다. 당시 왕은 본교의 배척과 불교의 발전에 힘을 기울였다. 그는 당시 인도에 사람을 파견해서 밀종의 대사 연화생을 초빙하여 티베트에 밀교의 전교를 부탁했다. 연화생은 티베트로 바로 와서 불교 수행자의 거주지를 창건했는데 그것이 티베트 역사상 최초의 출가자들의 사원인 산남 지역의 상예사(Samye Monastery)이다.[79] 상예사가 건축된 후에 당시 토번 법왕인 티송데첸(755~797)은 인도, 중원의 한족, 우전(于闐) 지역의 승려들을 상예사에 초청해 불경과 불법(佛法)을 가르치게 했다. 사원은 저명한 적호(寂護)대사를 켄보(밀교 경전의 스승)로 삼고 7명의 귀족집안 출신의 출가인들로 출발했는데, 이를 티베트 역사에서는 '칠각사'(七角士)라 부른다. 이들 7명의 출가인들 법명 끝 자는 모두 '호(護)' 자를 붙였는데 이는 사제관계의 친밀함을 나타내고 생사고락을 같이 한다는 의미를 담은 것이다. 쌍예사가 건립되고 연화생은 인도로 돌아갔다. 그가 돌아간 후 적호대사가 그의 뒤를 이어 계속 불교를 전교했다.

8세기 말기에 적호대사가 임종하자, 그의 제자들은 스승을 기념하기 위해 영탑 건설을 추진했다. 그들은 상예사 주변의 합포(哈布)산[80] 위에 적호대사의 영탑을 건립했는데, 이것이 티베트 역사상 가장 처음으로 만들어진 영탑이라고 할 수 있다. 1300년 전의 일이다. 이 산에는 적호대사 말고도 토번 시대 3대 저명 번역사(飜譯師)의 영탑들도 있다. 그들은 티송데첸왕이 아끼는 불교 번역사로 갈와배즉(喝瓦拜則), 초약 노견찬(焦若. 魯堅贊) 그리고 양야협덕(洋也協德) 등이다. 티베트에서는 이들을 갈(喝), 초(焦), 양(洋)이라 부르기도 한다. 이들의 영탑은 모두 남쪽에 모셔졌는데 적호대사의 영탑과 함께 티베트 최초의 영탑군(群)을 이루고 있다.[81]

사실 토번의 분열 시기(9세기 중엽~11세기 중엽)에도 탑장은 계속 만들어졌다. 토번의 마지막 왕인 랑다마 왕은 불교를 배척하고 본교를 티베트 사회의 중심으로 다시 복원하고자 노력하다 결국 피살당했다. 그때 토번에서 매우 저명한 승려 세 명이 오늘날 중국 청해성 평안(平安)현으로 도망쳐 왔는데, 두 명은 동굴속에서 수행에 정진했다. 그리고 나머지 한 명은 산 속에 숨어 버렸다. 나중에 이 세 사람은 모두 청해성의 수도 시닝(西寧)에서 임종했다. 당시 그들을 따르는 신도들이 많아서 그들을 위한 영탑을 제작했다. 이곳이 오늘날 시닝의 대불사(大佛寺)다. 이로부터 14세기 겔룩파의 창시자 종카바(宗喀吧)에 이르는 수백 년간, 티베트 각 지역의 고승들은 대다수가 임종 후, 그를 따르는 제자들에 의해 영탑이 세워졌다. 당시 사람들은 이를 일러 신장(神葬)이라 했다. 즉 신들의 장례인 것이다.

영탑의 형식과 제작은 시간이 갈수록 화려하고 웅장한 기세로 발전되었다. 영탑은 티베트 불교 후홍기[82]에 이르러 본격적으로 흙을 사용하기 시작했는데 점차로 금, 은, 동, 철의 첨가하는 형태로 발전하였다. 예를 들어, 티베트력(藏曆) 목서년(木鼠年, 1264)에 제작됐던 티베트 불교 카규파의 교주이자 고승인 파스파(八思巴)[83]의 영탑은 매우 화려하고 웅장했다. 그는 당시 원나라 황실로부터 인정받은 티베트 최고의 고승이었다. 그는 46세의 나이로 살가남사원(薩迦南寺)에서 원적했는데, 당시 그는 티베트 불교계의 수장이었으므로 추도 물결이 전국을 휩쓸었다. 그의 임종 후, 중원의 원나라와 티베트에서는 모두 그를 추모하기 위해 웅장하고 하려하게 영탑을 만들어 주었는데 이는 티베트 역사상 처음 있는 일이었다. 영탑의 규모와 화려함, 크기 등의 여부는 고정돼 있는 것이 아니라 임종자의 사회적 지위와 재정 규모 및 종교적 역량 등에 따라 다르게 제작된다. 티베트에서 종교적 영향력과 사회적 신분이 가장 높은 인물은 역시 활불들이다. 사실 티베트의 각 종파마다 저명한 활불들을 배출했지만 겔룩파의 종교적 지도자인 달라이라마와 판첸라마는 누구보다도 대중적이며 상징적이다. 따라서 그의 몸과 영혼은 티베트인들에게 무엇보다 소중하다. 이것이 그가 임종한 후 그의 몸을 '영탑'이라는 영원의 공간에 사리와 함께 보관하는 이유다.

4. 장례와 권력

한 사람 혹은 한 집안의 종교와 경제력을 가장 명확하고 확실하게 판단할 수 있는 방법은 무엇일까? 대부분 현생에서는 유추가 가능하지만 정확하게 판별하기는 쉽지 않다. 하지만 분별할 수 있는 방법과 때가 있다. 바로 죽음에 임했을 때이다. 그리고 이어지는 장례의 형태와 의식을 보면 그 집안 또는 그 사람이 내면적으로 추구했던 종교와 재정 형편을 정확히 알 수 있다. 의외이지만 티베트에서 이 부분, 즉 종교와 재정 상태는 장례를 치를 때 숨김없이 드러난다.

티베트에서 장례는 개인의 경제력, 사회적 신분, 종교적 참여도, 사회적 관계 등을 최종적으로 확인할 수 있는 방법 중의 하나이다.

근대 이전까지 티베트 사회는 계층의 차이와 사회적 신분이 명확하게 나뉘는 피라미드 구조의 사회였다고 할 수 있다. 예를 들어 종교의 수장이자 정치적 리더였던 달라이라마를 정점으로 귀족, 대신, 고승활불, 수행승(일반 라마승), 유목민, 농민 그리고 천민과 거지가 모두 존재하는 사회였다. 티베트 사회는 종교적으로 권위를 부여받고 영향력을 발휘할 수 있는 사람이 경제적·정치적 특혜와 사회적 신분을 부여받았다. 그런데 이들 모두에게 상(喪)과 장(葬)은 중요했다. 삶도 중요했지만 죽음은 더욱 중요했다.

티베트의 장례 방식과 그 유형을 유심히 살펴보면 그 속에서 당시 티베트 사회의 계층구조와 신분의 차이를 확인할 수 있다. 즉 다양한 장례 유형을 통하여 그 안에서 사람들의 경제력, 신분, 사회적 참여도, 노동력, 종교적 영향력 등의 차이를 발견할 수 있는 것이다.

티베트의 사회구조는 기본적으로 두 가지 측면에서 바라볼 수 있다. 하나는 기초 집단의 관점으로 구분한 가족이나 씨족의 집단이고, 다른 하나는 평민과 귀족, 그리고 9세기 이후 형성된 귀족 및 승려라고 하는 사회적 계급이다. 이 외에 농경에 종사하는 사람과 목축업에 종사하는 사람들 그리고 농노 등이 있다. 어부, 대장장이, 도살자와 예능인(악사, 배우, 이야기꾼 포함)도 존재하지만, 그들은 소수자들이다. 이중 사회적으로 특수계층에 속한 사람들(귀족, 승려, 왕, 대신)은 당시의 경제적 자본인 장원(莊園)과 그에 속한 토지 및 가축을 방대하게 소유하고 있었다. 여기서 주목해야 할 계층은 사원에 속한 승려 계층이다. 이들은 티베트 사회에서 사원의 승려라는 신분을 획득하면 노역을 면제 받았으며, 일정량의 경제적인 보조도 받았다. 승려도 크게 두 부류로 나눌 수 있다. 하나는 출신 성분이 부유한 귀족 가문의 승려 그룹이고, 다른 하나는 일반 평민의 집에서 출가한 승려인데 후자의 승려들은 사원에서 온갖 노무를 담당하며 수행하는 하층의 승려 집단이라고 볼 수 있다. 이 두 부류의 가장 큰 차이점은 무엇인가? 바로 경제력이다. 전자는 티베트 불교의 수행 방법상 밀교를 전수해 줄 스승을 스스로 찾아 모실 수 있는 능력이 있는 승려인 반면, 후자는 모든 것을 스스로 자급자족하며 수행에 정진해야 하는 빈곤한 수행승이라 볼 수 있다. 따라서 대부분 전자의 경우는 수행의 안정성이 보장돼 있어서 수행의 속도나 종교적 승급(출가-라마승-게시-켄보-활불)이 **빠른** 편이다.

R. A. 슈타인은(Rolf A. Stein) 그의 저서 『티벳의 문화』에서 '담이 있는 티베트인 부자의 집'을 소개하고 있다.

> 야크의 똥으로 만든 벽. 유목민 여인이 야크로부터 젓을 짜고 있다. 암양과 호르파족의 모자를 쓴 양치기. 마당에는 큰 천막과 두 개의 작은 천막이 있다. 집 위에 채마밭과 왼편으로는 정원과 양모의 더미가 있다. 그리고 정원에는 경주마가, 그 바깥쪽에는 종마와 암말이 있다.[84]

경주마가 있다는 점이 매우 흥미롭다. 티베트 사회는 기본적으로 '촌' 단위로 시작되는데 마을은 촌장에 의해서 통솔되고 관리되어 왔다. 촌장은 세금을 거두고 이를 관할 영주에게 전달하는 역할을 한다. 임기는 보통 3년인데 자신의 영향력(재력과 신분)을 발휘하여 연임할 수도 있다. 만일 촌장의 아들이 유능하다면 그 직위를 물려줄 수도 있다. 일종의 세습이다. 촌장은 마을 장로회의에서 선출한다. 하지만 아주 작은 단위의 마을은 촌장 없이 몇몇 장로들에 의해서 운영되기도 한다. 어떤 마을이나 종족은 한 영주에게 종속되는 경향을 보이기도 한다. 이 영주는 이들 촌락을 포함해 광대한 지역을 통괄하고 있다. 그는 대부분 독립된 왕후이거나, 종교 지도자 또는 중앙정부의 귀족 가문이다. 이들은 기득권을 상습받거나 세습할 수 있는 혜택을 누리는 사람들이다. 주지하다시피 티베트 최고 종교 지도자인 달라이라마는 환생의 원리를 공식적으로 상속받고 인정받는 사람 중의 하나이다. 하지만 동시에 그의 종교적·정치적 권력을 견제하고 조절하기 위해서 일련의 대신 집단이 항상 옆에서 참여한다. 즉 달라이라마는 세 명의 속인(俗人)과 한 명의 대신(귀족 출신의 大臣)으로 구성된 내각의 보좌를 받으며 동시에 그들을 통해서 효율적인 국정운영을 진행한다.

티베트인들은 암묵적으로, 그러나 명확히 구별되는 사회적 신분과 경제적 역량에 따라 상장의 내용과 장례의식을 달리했다. 티베트의 각 사회계층과 그에 상응하는 해당 장법을 정리하면 다음과 같다.

① 달라이라마와 판첸라마(통치자): 영탑장

② 높은 고승과 활불들(깨달음에 이른 자): 화장, 탑장

③ 귀족(貴族)과 대신들: 화장

④ 라마승(수행자): 천장 혹은 화장

⑤ 유목민: 천장

⑥ 농노: 천장 혹은 수장

⑦ 기타(전염병자/어린아이): 수장

⑧ 토번 시대의 왕들: 매장

그런데 티베트인들의 장례가 이렇게 다양하고 소수 계층의 사람들만이 탑장(화장포함)을 진행할 수 있었던 주요 이유는 그들이 점유하고 있었던 토지, 즉 재정 능력과 밀접한 관계가 있다. 1940년대까지 달라이라마와 판첸라마 그리고 사원에서 깨달음을 얻은 고승들의 토지 점유율은 대략 32.8%에 이르는 것으로 조사됐다. 그다음으로 귀족(貴族)과 대신들이 약 24.4%을 차지하고 있었는데 이 두 계층의 토지 확보율을 합치면 57.2%, 대략 60%에 근접하고 있다. 이것은 당시 티베트 사회의 정치와 경제의 상호관계를 보여주는 지표라고 볼 수 있다. 즉 근대 이전까지 티베트는 관가(官家), 세속 귀족(貴族), 불교 사원의 고위 라마승으로 형성된 3대 영주가 티베트 사회의 정치·종교·경제의 핵심 축을 이루고 있었고, 그들은 인구의 5%에 밖에 안되는 소수였지만 오히려 전국의 방대한 토지, 목장, 산림, 산천과 주요 목축을 장악하고 있었다. 그 외에 95%에 해당하는 티베트의 농노는 사실상 3대 영주의 관리 속에서 생활을 유지하고 있었다.[85]

영주로부터 직접적으로나 간접적으로 임차된 토지는 본질적으로 분할할 수 없고 임의로 양도할 수 없다. 그것은 세습되지만, 그 소유는 토지 제공자와 소작인 사이의 상호 의무에 의해 규제된다. 영주는 토지에 대한 일체의 소유권을 가지고 있다. 대영주이건 소영주이건 일정한 수입과 부역을 원한다면 그는 소작인에게 임금 대신 토지를 제공해야 한다. 왜냐하면 수입의 일부는 소작인의 몫이 되기 때문이다. 영주는 이러한 방식으로 주술사,

의사, 악사, 대장장이 등 전형적인 유랑자들에게 토지를 제공하고 정착하게 만들어서 자신에게 종속되게 만들었다. 간혹 영주가 농노에게 토지를 임차해주고 토지 경작을 전폭적으로 위탁하기도 했는데 농노가 도망가거나 게을리하여 토지가 경작되지 못하는 상황이 오면 영주는 바로 그 토지를 환수해서 다른 사람에게 다시 배정할 수 있다.

티베트인 다걸재단(多杰才旦)은 이러한 티베트의 사회구조와 관련하여 다음과 같은 견해를 밝혔다.

> 티베트의 불교사원은 해당 지역에서 절대적인 독립적인 경제적 주권을 행사할 수 있었다. 과거 봉건제하에서 티베트의 토지와 농노의 최종 소유권은 원칙적으로 티베트 지방 정부에 있었다. 그러나 실제로 불교사원, 정부관료와 귀족 등 3대 영주가 티베트의 95% 이상의 경작지와 목장, 목축 등 주요 생산수단을 점유하는 동시에 농노의 인신을 점유했다. 또한 3대 영주 중에서도 사원이 가장 강력한 경제적 기반을 소유했다. 1951년 이전 사원과 상층 승려는 티베트 경작지의 약 37%를 소유했고, 목축이나 목장 소유도 이와 비슷한 비율이었다. 불교의 발전과 유지를 위해 막대한 경제적 지출을 서슴지 않는 당시 티베트 정부의 태도를 고려할 때, 사원과 상층 승려가 티베트 사회에서 부(富)의 소유자임과 동시에 최대 소비자임을 확인할 수 있다."[86]

티베트에서 장원(莊園)이란 1949년 이전에 티베트의 관청, 사원, 귀족 등이 소유했던 농장을 말한다.[87] 포괄적 의미로는 티베트의 귀족 영주가 세습을 통하여 토지와 가옥, 원림(園林), 가축 심지어 가문에 속한 농노까지도 소유한 농장을 의미하는데 이는 당시 귀족의 중요한 경제적 자산이었다. 10세기부터 티베트에서는 봉건농노제(封建農奴制)가 시작되었고 13세기부터는 전

지역에 보편화되었다. 티베트 봉건농노제의 특징은 장원의 소유 형태, 즉 귀족이 토지와 농노를 소유한다는 것이 그 핵심 내용이라 할 수 있다. 장원은 티베트어로는 '계가(溪卡)', 즉 산업(産業)·근기(根基)의 의미이다. 계가는 크게 '정부 계가'와 '사원 계가'로 나누어진다. 티베트의 장원은 나름 세밀한 관리 체계를 갖추고 있었다. 우선 장원을 총괄·관리하는 집사격인 황파(湟巴)가 장원의 크기에 따라 1인에서 2인으로 구성된다. 그다음이 러지우(勒久)인데 이는 자영지에서 경작을 담당하는 농노의 감독을 책임진다. 그 아래로는 장원 소유의 차파(差巴)나 퇴용(堆穷) 중에서 한 명을 선발하여 조세를 담당하게 하는데 이를 건부(根布)라고 했다. 그다음은 좌찰(左扎)인데 장원 체제의 위계질서를 유지하고 잡다한 사무를 총괄한다. 티베트의 장원은 이렇듯 분명한 역할을 분담하는 조직이 있어서 방대한 토지와 목장을 세습하고 유지할 수 있었다.

영토적으로 볼 때, 티베트에서 장원은 위장(卫藏) 지역에 많이 분포하고 있다. 동쪽의 산난으로부터 서쪽의 르커저와 얄룽창포강 유역에 이르기까지 매우 광범위하다. 역사적으로 이 지역들은 티베트의 고대왕조인 토번의 고토이자 종교 문화의 집성지이다. 산난 지역은 전통적으로 농업이 발달했으며 전형적인 봉건농노제와 장원의 기틀이 형성된 지역이다. 특히나 위장(卫藏) 지역의 장원은 대부분 '정부장원(雄溪)'과 '귀족장원(格溪)' 그리고 '사원장원(曲溪)'의 형태를 이루고 있었다. 이른바 3대영주가 장악하고 있는 장원들이다. 이중 달라이라마를 수장으로 하는 정부장원은 토지와 초지(草场) 등의 주요 생산지와 농노의 독점권이 가장 높았다.

기록에 따르면 1959년 이전까지, 티베트 전체의 토지 면적은 3,362,558극(克), 농노가 14만 명에 달하는 것으로 전해지고 있다.[88] 이중 티베트 지방정부가 토지의 36.9% 정도를, 귀족과 사원이 각각 22.3%와 32.8%정도를 점유하고 있었다.[89] 이는 티베트 경제자원의 대부분을 이들이 독점하고 있음을 시사해준다. 티베트의 위장지역에서는 역사적으로 총 418가(家)의 귀족 가문이 장원을 부여받았다. 그중 위부(卫部) 지역에 391가(家), 후장(后藏) 지역에 27(家)가 분포하였다. 총 418가(家)의 귀족 가문 중에 17세기 중엽부터 18세기 중엽에 이르는 100년간, 즉 5세 달라이라마 시기부터 7세 달라이라마 시기까지 책봉을 받아 장원과 노예를 하사받은 대표적인 귀족은 175가(家)의 세속귀족과 175가의 승가(僧官) 귀족으로 귀결된다. 이 귀족 가문들은 티베트 지방 정부로부터 막대한 토지와 농노를 관례적으로 부여받았다. 이중 위장 지역의 25가 정도가 근대까지 방대한 규모의 장원을 유지하고 있었는데, 소유하고 있는 토지의 면적을 측정하기 어려울 정도였다. 이 가운데 장쯔(江孜) 지역에서 가장 큰 위세를 떨치고 있던 가문이 바로 '파줴라캉'(帕觉拉康) 가문이다. 근대까지 이 귀족가문이 소유한 장원은 총 31가, 토지는 6,500극(克), 목장 12개, 소와 양은 7,000두, 농노는 3,000여 명 정도로 집계된다.[90] 역사적으로 장쯔 평원은 티베트 전역에서 가장 전형적인 봉건농노제가 태동하고 흥성했던 지역이다. 이곳에서는 크고 작은 32가의 티베트 귀족가문이 흥망하면서 '백거사'(白居寺)라는 대표적 불교 사원이 승속의 종교적 공동체의 구심체 역할을 담당했던 곳으로 유명하다.

미국의 골드스타인(Goldstein) 교수는 그의 논문 「Taxation and the structure of a Tibetan Village」에서 티베트 귀족의 경제 수준과 세습의 과정을 구체적으로 기록하고 있다. 그의 연구에 따르면 장원(pha-gzhis)을 기초로 하는 티베트의 귀족 가정은 유럽의 그것과는 다른 특성을 가지고 있다. 그 주요한 특징으로는 경제적 부와 권력을 상속하기 위해서 데릴사위제도, 즉 마파(玛巴) 제도를 습속으로 정해 놓았다는 점이다. 아들이 없어 대가 끊긴 집안은 혼인을 통하여 사위를 집안으로 들인다. 그리고 장인의 성(姓)을 따르게 했다.

이는 가문을 세습하고 유지하는 중요한 수단이었다. 당시 그들에게 중요한 건 가족의 세습을 위하여 토지 장원을 확보하고 유지하는 것이지 순수한 혈통을 고집하는 것이 아니었다. 특히나 이 점에서는 아계가정(亞谿 yab-gzhis)[91]이 제본가정(第本)보다 자유로웠다. 즉 티베트의 귀족가정은 가업 계승이라는 중요한 목표를 위해서 가족 내부에서는 굳이 혈친(血親) 전승을 엄격히 적용하지 않았다는 것이다. 단지 가족 내의 관료 출신의 남성이 있는지 없는지의 여부를 중시하였기 때문에, 남성은 직접적으로 귀족 가문의 발전과 쇠락에 영향을 미쳤다. 따라서 귀족 계층의 가업 전승이라는 유일한 목적을 위하여 계층 사이의 성원 유입이 상당히 탄력적으로 운영되었다. 결국 귀족의 연속적인 생명력을 위하여 귀족들은 이혼·재혼·데릴사위·양자 등의 다양한 방법을 통하여 혼인과 가족의 구성을 허가하고 운영하였는데, 이는 귀족 가정 내부의 이익 보호를 위하여 사회가 인정하는 일반적인 현상이었다. 따라서 가정의 권력과 경제력을 구비하기 위해 이혼과 재혼은 물론 여러 배우자를 일시에 동반하는 현상이 보편화되어 있었다. 이와 같은 가정 구성의 방식에 부합하여 '제본가정'에서는 일처다부의 혼인 형태가 존재하게 되었다. 이는 사실상 티베트 혼인 형태의 보편적인 형태로 발전하였다. 티베트 유목사회가 경제적인 목적을 위하여 일처다부제를 선택하였다면, 귀족가정에서는 정치적인 권력과 경제의 실권을 모두 장악하기 위해서 일처다부제를 운영하였다.

귀족들이 하사받은 토지가 봉급에 해당된다면 부역은 세금의 일종으로 볼 수 있다. 그런데 어떤 마을은 특정한 부역을 하여 세금을 면제받기도 했다. 예를 들면, 연극이나 곡예단, 집단으로 직물을 짜는 일 등을 통하여 세금을 면제받았다. 반면 영지를 갖고 있고 세금 면제를 받은 귀족들은 정부에게 관리와 군인을 제공할 의무가 있다. 하지만 불교 사원이 점유한 토지는 세금에서 면제된다. 종교 기관은 특별한 대우와 취급을 받는 것이다. 사원에 소속된 출가자들 또한 노동력 수취 대상에서 제외된다. 이는 과거 티베트에서 아들을 사원에 출가시키려고 노력한 중요한 이유 중의 하나다.

티베트의 역사 속에서 토번 시대 송첸감포 왕의 치세 기간에는 소위 세금을 납부하는 자격을 갖춘 자들은 '노비' 또는 '종'을 데리고 있었음을 확인할 수 있다. 당시 법전에서도 '검은 머리를 한 사람은 노비를 소유하고 있다'라고 기록되어 있는데 그들은 오늘날의 납세자에 해당되며 정부나 귀족들이 하사한 토지와 장원을 소유하고 있었다. 가문의 이름은 대부분 토지나 재산으로부터 파생되었다. 그들은 장원과 토지 소유의 대가로 세금과 부역을 제공한다. 당시 세금(Khral)이란 단어는 귀족가문이 나라에 제공해야 하는 관리와 군인을 의미하기도 했다.

티베트의 불교관으로 볼 때, 귀족의 태생은 이미 정해진 윤회의 결과라고 볼 수 있다. 이는 곧 티베트 사회의 모든 현상은 불교의 핵심 논리인 '업'과 '윤회'에 의거하여 발생하는 현상이므로 귀족계층의 권력과 신분의 특권은 티베트 사회 구조에 아무런 문제가 되지 않았다. 어찌 보면 이러한 사유구조가 티베트 사회를 안정되고 질서 있게 유지하는 보이지 않는 동력이라고 볼 수 있다. 사실상 의식 형태와 공통의 관념이 공고히 굳어진 사회에서, 출생과 혈통은 고정 불변의 법칙이 될 수 있다. 티베트의 사회에서 권력과 사회 등급은 세습과 윤회의 특징을 가지고 있었다. 즉 본인의 의지와는 무관하게 귀족의 가문에서 출생하면 일반 평민의 가정에 비해 많은 특권과 지위를 세습받을 수 있었다. 따라서 귀족가문에서 성장하는 티베트의 어린아이는 '가문의 우월성'에 대한 가치관을 일찍부터 학습하기도 했다. 그리고 그 신분에 부합되는 언행을 배우고 실행하려고 노력하였다.

조사에 따르면 1959년 전까지 티베트 귀족의 권력과 재산의 규모는 1750

년대와 비교했을 때 별 차이가 없을 정도로 티베트 사회는 매우 봉쇄된 환경 속에서 '불변성'의 사회 체제를 유지해 온 것으로 파악된다.[92] 사실상 귀족과 승려라는 막강한 정치집단의 사회구조는 티베트 사회를 통합시키고 하나의 '종교 공동체'로 집약시키는 데 결정적 역할을 한 것임에는 틀림없다. 외부 세계와 단절된 인문 지리학적 환경 속에서 이 특수집단은 티베트 스타일의 통치 시스템을 현명하게 운영한 것이라고 볼 수 있다. 그리고 그것은 곧 그들의 부와 명예로 이어졌는데, 중요한 것은 일반 평민, 즉 티베트 민중들은 그러한 제도와 문화를 전혀 이상하게 여기지도 않았을 뿐만 아니라 오히려 그들을 존중하고 받아들였다는 점이다. 그리고 이러한 인문학적 사유 체계와 사회구조는 티베트를 오랫동안 전형적인 그들의 방식으로 유지할 수 있게 만들어 주었다.

어쩌면 티베트에서 계층의 차이와 분별은 무의미할 것이다. 어떤 층에 속한 사람일지라도 번뇌와 죽음은 있었다. 따라서 물질적으로 부유하거나 권력을 얼마나 향유했느냐보다 이 생을 어떻게 받아들이고 다가오는 죽음을 어떻게 맞이하느냐가 더욱 중요했다. 티베트는 물질과 몸이 다스리는 사회가 아니고 정신과 영혼이 모든 질서를 규명하고 순환하게 하는 사회였기 때문이다.

지켜야 아름답다

죽음은 자신이 대머리임을 자각하는 것과 같다는 말이 있다. 대머리에 제일 좋은 약은 무엇일까? 야구 모자일 것이다. 하지만 얼마 남지 않은 머리카락을 가지런히 빗어 넘긴다고 그 사람이 대머리가 아닌 것은 아니다. 벗겨진 머리는 일찍부터 우리에게 상기시키지 않던가? 벗겨진 머리는(혹은 벗겨지고 있는) 앞으로 결코 수북하게 자랄 수 없고, 인공적으로도 완전히는 불가능하다는 것을 우리는 알고 있다. 죽음도 이와 같다. 피할 수 없고 연장할 수 없고 인위적으로 포장할 수 없다. 이런 죽음의 본질을 티베트인들은 일찍부터 알아 버렸다. 그래서 티베트에서 죽음에 대한 명쾌한 논리와 개념은 무의미하다. 오히려 그곳에서는 오체투지가 가장 중요한 삶의 방식이고 중심이다. 티베트 불교의 윤회설에 의하면, 인간이 죽으면 인간을 구성하고 있던 오온(五蘊) 가운데 육체적인 요소인 색은 지(地), 수(水), 화(火), 풍(風)으로 자연스럽게 흩어진다. 오직 남은 것은 그가 생전에 뿌리내린 씨앗의 업(業)뿐이다. 따라서 죽기 전에 무슨 언행을 하며 살았나가 중요하다. 별과 달도 모르게 조용히 한 짓을 누가 알랴 하겠지만 죽고 나면 그 실체는 드러난다. 영혼이 잠시 머무르는 그 세계(영혼계)에 가면 현생의 잘못을 숨길 수가 없게 된다. 심층 내면에 축적돼 있던 모든 언행의 에너지가 표면에 드러나기 때문이다. 그 드러난 선과 악, 밝음과 어두움은 다시 태어날 때 기준이 된다. 그 업에 따라 다시 인간으로 태어날 수도있고, 개미나 뱀으로 태어날 수도 있는 것이다. 티베트인들은 이러한 이치를 믿기에 이것에 관한 수행이 풍부한 구도자를 받들어 모신다. 그들은 죽음의 전조를 미리 감지하고 조짐을 알아차리는 사람들이다. 그들은 높은 언덕에 있는 사원에 거주하고 있으며, 죽음 공부를 몸과 마음으로 하는 사람들이다. 그들을 티베트에서는 깨달음을 얻은 자, 활불이라 부른다. '생명'에 대한 혹은 '죽음'에 관한 인문학적 지식이 부족한 일반인들과는 달리 그들(활불)은 초월세계와 죽음 너머의 세상 그리고 영혼의 존재와 실체에 대하여 풍부한 수양과 경험을 통하여 확신을 가지게 된 살아 있는 신들이라고 볼 수 있다. 활불은 티베트 밀교 수행의 완성자이자 깨달음에 이른 신적인 존재나 다름없다. 따라서 스스로의 법력으로 환생을 책임질 수 있으며, 타인도 도울 수 있다. 그가 끊임없이 타인의 몸을 빌려서 환생하는 이유도 이것 때문이다.

티베트 천장에서 느꼈던 삶과 죽음에 나의 심득(心得)은 다음과 같이 정리할 수 있다.

첫 번째, 죽음은 속세의 벌이 아니라 하나의 경험이 될 수 있다.

두 번째, 지구상에 존재하는 모든 생명체는 선과 악으로 끊임없이 '윤회'한다. 그리고 어떠한 형태로든 다시 '환생'한다.

세 번째, 죽음은 끝이 아니며, 죽음 너머의 세계는 존재한다.

네 번째, 몸은 소멸하지만 영혼은 윤회한다.

다섯 번째, 티베트인들의 삶의 방식과 자세는 물질보다 정신을 소중히 여긴다.

여섯 번째, 티베트인들은 개인의 구원뿐만 아니라 타인의 행복과 구원을 위해 기도한다.

일곱 번째. 티베트에서 삶과 죽음에 대한 관점이나 교육은 종교적 전문가 집단(활불)에 의해서 배양된다.

여덟 번째. 천장은 죽음의 축제다.

아홉 번째. 천장은 단순히 티베트의 장례 방식일 뿐만 아니라 '상속할 수 있는 집단기억'을 공고히 하는 특징이 있다.

열 번째, 천장이라는 장법은 전통의 온기 속에, 관습의 침묵 속에, 그리고 전승된 것의 반복 속에서 뿌리를 내리고 있다.

열한 번째, 티베트는 문자보다는 '소리'에 집중한다. 이들의 학습 방법은 구체화된 소리로 전승된다. 그래서 티베트는 '소리의 나라'라고 할 수 있다.

그리고 천장은 티베트에서 죽음의 예술이 될 수 있다. 그 이유는 죽음을 자신의 가장 깊숙한 내면에서 만날 수 있게 해주기 때문이다. 무엇보다도 삶을 포기하고 싶은 원시적 환경 속에서도 삶에 대한 포기가 아닌 생명에 대한 성숙한 태도를 지니도록 인간의 정신세계를 고양시켜 준다는 점이 위대하다.

미래의 불확실성으로 인해 초자연적인 존재의 도움을 원하는 인간의 나약한 모습은 어쩌면 당연한 것이다. 특히나 과학기술과 의학이 발달되지 않은 원시공간과 사회에서 초자연적인 존재에 대한 믿음은 위안을 넘어서 집착으로 나아갈 수도 있다. 이럴 때 인간의 상장은 신의 세계나 보이지 않는 영적 세계와 같은 초자연적인 존재와 교류를 할 수 있는 공식화된 의례라고 볼 수 있다. 이 안에는 점복, 치유, 기원, 주술, 관계, 제사, 오락 등의 모든 요소가 복합적으로 들어 있다. 티베트에서 천장은 이 모든 기능을 수용하고 담당하는 죽음의 축제라 할 수 있다. 그러하기에 티베트인들은 예나 지금이나 천장을 선호한다. 천장이라는 죽음의 축제 속에서 내면적 자아(본질)를 찾을 수 있는 기회가 오기 때문이다. 그런 의미에서 티베트의 천장은 앞으로도 지속되었으면 좋겠다. 지켜져야 아름답지 않은가.

| 후기 |

숨이 차지 않은 인생이 있을까. 다만 표면에 드러내지 않을 뿐이다. 자신과 자신을 둘러싼 사람들을 위해 최선을 다하는 젊음의 시간이 지나면 인간은 누구나 늙음을 맞이한다. 늙음과 죽음은 피할 수 없다. 심장이 약해지고, 전립선에 문제가 생기고, 혈압과 당뇨약을 먹어야 하는 시간이 오는 것이다. 그래서 생각해 보면, 책상에 앉아 커피를 홀짝거리며 글을 읽고 쓸 수 있는 시간은 인생에서 얼마 되지 않는다. 나이 40의 중턱에서 애써 외면하며 살 수 없는 '사건'과 '일상'이 매일 파도처럼 넘실거리며 오고 있기 때문이다. 이 생의 삶의 마감을 준비하는 부모님과 이제 삶을 시작하는 자식, 이제부터 '사랑이야'라고 외치며 함께 동행해야 할 아내 그리고 물질보다 더 소중한 가족들, 이처럼 나로부터 시작되는 인드라망은 나이가 들수록 복잡하고 촘촘한 거미줄이 될 것이다.

이러한 현실 속에서 해발 4,000미터 이상의 티베트 고원을 매년 돌아다니려 한다는 것은 불가능할 것이다. 하지만 공부는 없는 시간을 어렵게 쪼개서 하는 것이지, 시간이 남고 주머니가 든든해야 하는 것이 아니라는 생각을 한다. 근심도 없고 걱정도 없고 괴로울 일도 없어, 빈둥빈둥 늘어진 몸과 정신을 가지고 공부밖에 할 일이 없는 시간을 만나는 것은 우물에서 고래를 발견하는 것보다 더 어렵다는 생각을 한다. 사실 막상 그런 시간과 여유가 온다면 공부에 마음이 갈 리도 없을 것이다. 모든 공부가 그러하겠지만 티베트의 공부는 단단한 각오 아래 노력하고 몸을 움직이는 길밖에 없다는 생각이 든다. 필요한 일이 생길 때마다 허둥지둥 구차하게 넘기거나 미봉책으로 타개하려 들면 이룰 수 있는 일이 없다고 생각한다. 다 늙어 궁하게 되어서야 아이쿠! 한들 무슨 소용이 있을까. '간직한 것은 잊혀지지 않는다'라는 마음으로 내 자신에게 이 글과 다짐을 보내면서 이제 또 다른 티베트 여행을 준비하려 한다.

마지막으로, 스티븐 킹(Stephen Edwin King)의 말을 인용하면서 나의 마음을 전하고자 한다.

어린아이가 삶을 배워 가는 존재라면 어른은 죽음을 배워 가는 존재다.

참고문헌

고려대학교 한국사연구소 엮음, 2014, 『왕오천축국전(往五天竺國傳) - 돈황사본의 복원 및 역주』, 아연 동북아 문화 총서 04.

김남연, 2013, 「자살예방」, 『인문과학연구』, 강원대학교 인문과학연구소.

다비드르 브르통, 김화영 옮김, 2002, 『걷기예찬』, 현대문학.

문용린, 최인철 공저, 2011, 『행복교과서』, 주니어김영사.

백이제, 2003, 『파드마삼바바』, 민음사.

박지원 저, 리상호 역, 2004, 『열하일기』, 보리.

박완서 저, 민병일 사진, 2014, 『모독』, 열림원.

심혁주, 2010, 「티베트 황금귀족(黃金貴族)의 출현과 실체」, 『아시아문화연구』, 제18집.

R. A 슈타인 지음, 안성두 옮김, 2004, 『티벳의 문화』, 무우수.

정준영외, 2011, 『죽음, 삶의 끝인가 새로운 시작인가』, 밝은 사람들 총서-06, 운주사.

전영란, 2011, 『중국소수민족의 장례 문화』, 중문출판사.

최준식 저, 김호연 그림, 2014, 『너무 늦기 전에 들어야 할 죽음학 강의』, 김영사.

파드마삼바바 저, 류시화 역, 1995, 『티베트 사자의 서』, 정신세계사.

홍병혜, 2004, 「티베트 전통 혼인유형 분석과 군혼문화의 형성 배경」, 『중국학연구』 제28집.

北京大學校考古文博院文物考古研究所, 2005, 『都蘭土蕃墓』, 唐研究基金會叢書.

霍魏, 1995, 『西藏古代葬墓制度史』, 四川人民出版社.

赤列曲扎, 1982, 『西藏风土志』, 西藏人民出版社.

朵藏才旦, 2000, 『藏族喪葬文化』, 甘肅民族出版社.

洲塔, 1998, 『論拉卜楞寺的創建及冀六大學院的形聲』, 甘肅民族出版社.

直孔·貢覺嘉措, 2004, 『直孔天葬台簡介』, 西藏人民出版社.

鄭作新, 1993, 『中國經濟動物志-鳥類』, 科學出版社.

諾布旺丹, 2001, 『藏傳佛教活佛轉世』, 大千出版社.

憑智, 2002, 『藏傳文化:死亡的藝術』, 大千出版社.

肅之光, 1996, 『隋唐民族史』, 中国历代民族丛书, 四川民族出版社.

多杰才旦, 1997, 『西藏社會發展研究』, 北京中國藏學研究中心.

廖東凡, 1998, 『雪域西藏豊情彔』, 西藏人民出版社.

周銀銀, 1999, 『藏族原始宗教』, 四川人民出版社.

彭英全, 1983, 『西藏宗教概況』, 西藏人民出版社.

沈卫荣, 2008,『西藏的贵族和政府(1728-1959)』, 中國藏學出版社.

格桑本, 2000,『藏族的喪葬文化 - 天葬』, 甘肅民族出版社.

沈赫周, 2005,『中共改革開放後西藏自治區傳統文化變遷與發展研究-以天葬與藏戲為列』, 臺灣國立政治大學人文社會科學研究所,, 博士學位 論文.

张江华, 1989,「试论西藏封建农努制度的基本类型」,『民族研究』第6期.

邊巴璟達, 2005,「淺析西藏天葬習俗的成因及文化含意」,『西藏研究』, 西藏人民出版社.

谢继胜, 1998,「藏族萨满教的三界宇宙结构与灵魂观念的发展」,『中國藏學』第4期, 中國藏學出版社.

熊坤新, 1988,「天葬起源之探索」,『西藏研究』, 西藏人民出版社, 总第 27期.

張窗, 1988,「西藏喪葬風俗的演變及其原因」,『西藏研究』, 第3期, 西藏社會科學院.

刘忠, 1991,「试论西藏领主庄园的主要形态及其特点」,『西藏封建农奴制研究论文选』, 中国藏学出版社.

Pedro Carrasco(箸), 陳永國(譯), 周秋有(校), 1985,『西藏的土地與政體』, 西藏社會科學院西藏學漢文文獻編輯室.

Luciano Petech(著), 沈卫荣/宋黎明(譯), 邓锐龄(校), 2008,『西藏的贵族和政府(1728-1959)』, 中國藏學出版社.

1 청나라 건륭 황제의 만수절을 축하하는 사신 일행에 어쩌다 함께 가게 된 연암은 빡
   빡한 일정과 아랑곳없이 혼자 온갖 풍류를 즐겼다. '열하(熱河)'는 청나라 황제들이
   여름 피서지로 썼던 곳인데, 조선 사신이 열하까지 간 것은 연암 때가 처음이었다. 오
   늘날의 중국 하북성 북부, 열하강 서쪽에 있는 '청더(承德)'에 해당하는 이 곳은 북경
   에서 약 230킬로미터 떨어져 있는 곳이다.
2 중국 감숙(甘肅)지역으로 흘러드는 서녕하(西寧河)의 좌우 서강족(西羌族)이 살던
   곳.
3 박지원 저, 리상호 역, 『열하일기』, 보리, 2004, 215쪽.
4 위의 글, 221쪽.
5 여기서 '觀'은 시각적으로 본다는 의미인 '看' 또는 '視'이 아님을 주목할 필요가 있다.
   '觀'은 현상으로 본다는 의미가 아니라 내면으로 본다는 의미를 함의 하고 있다.
6 박완서, 『모독』, 열림원, 2014, 184쪽.
7 이 작품은 2009년 보스턴 독립영화제, 심사위원상, 풀 프레임 다큐멘터리 영화제, 인
   스퍼레이션상, 리버런 국제영화제, 심사위원상을 받았으며 같은 해 국내 EBS 국제다
   큐영화제 대상을 수상하였다.
8 김남연, 「자살예방」, 『인문과학연구』, 강원대학교 인문과학연구소, 2013, 558-559쪽.
9 다비드르 브르통, 김화영 옮김, 『걷기예찬』, 「현대문학」, 2002, 118쪽.
10 티베트 문자의 탄생은 토번시기 송첸감포(srong-btsan sgam-po, 松贊干布, 617년~
   650)왕의 추진에 의해서 이루어졌다. 이는 당시 인도에서 불교의 유입과 더불어 가장
   큰 역사적 사건이라 볼 수 있다. 토번은 불교가 유입되면서 정치는 물론 종교와 문화
   등에서 좀 더 안정된 왕권과 사회를 구축할 수 있었다. 문자의 탄생과 보급으로 티베
   트인들은 그 동안 구전으로만 전해 내려오는 신화와 전설을 대중적으로 유통할 수 있
   었다.
11 문용린, 최인철 공저, 『행복교과서』, 주니어김영사, 2011, 46쪽.
12 차마고도를 통해 차 이외에도 자기, 비단 등의 물품과 파미르의 약재 등 산간지역의
   특산품의 교류가 진행되었다. 차마고도는 마방(馬帮)이라 불리는 상인들이 말과 야
   크를 이용해 중국의 차와 티베트 지역의 말 등 물품의 교역을 위해 다녔으며 이를 통
   해 문화의 교류도 활발하였으며 전성기에는 유럽까지 연결된 적도 있었다. 차마고도
   의 경로는 주요 8개 노선이 있으며 윈난성(云南省)의 시솽반나(西双版纳, 서쌍판납)-
   푸얼(普洱, 보이)-다리(大理, 대리)-리강(丽江, 여강)-덕흠(德钦, 더친)-차위(察隅, 찰
   우)-방다(邦达, 방달)-린즈(林芝, 임지)-라싸(拉萨)-네팔-인도의 경로와 쓰촨성(四川

省) 야안(雅安, 아안)-다두하(大渡河, 대도하), 캉딩(康定, 강정), 더거(德格, 덕격)-티베트-네팔-인도로 이어지는 경로가 마방들의 활동이 활발한 경로였다. 이들 경로는 길이가 약 5,000㎞로 평균 해발고도가 4,000m 이상인 높고 험준한 길이지만 눈에 덮인 5,000m 이상의 설산(雪山)들과 진사강(金沙江, 금사강), 란창강(瀾滄江), 누강(怒江, 노강)이 수천 ㎞의 아찔한 협곡을 이루어 세계에서 가장 아름다운 길로 꼽히며 이 세 강이 이루는 협곡지역은 윈난 삼강병류 보호지(Three Parallel Rivers of Yunnan Protected Areas)라는 명칭으로 2003년 UNESCO 의해 세계자연유산으로 등재되었으며 2007년 KBS가 다큐멘터리를 제작하면서 국내에 널리 알려졌다.

13 최준식 저, 김호연 그림, 『너무 늦기 전에 들어야 할 죽음학 강의』, 김영사, 2014, 78쪽.

14 정준영 외, 『죽음, 삶의 끝인가 새로운 시작인가』, 밝은 사람들 총서-06, 운주사, 2011, 123-124쪽.

15 파드마삼바바 지음, 류시화 역, 『티베트 사자의 서』, 정신세계사, 1995, 254쪽.

16 周銀銀, 『藏族原始宗教』, 四川人民出版社, 1999, 100쪽.

17 백이제, 『파드마삼바바』, 민음사, 2003, 9쪽.

18 토번은 당(唐)에 의해서 불리어진 이름으로 여러 부족국가를 통합하고, 문자를 만들고, 불교를 받아들인 티베트 역사상 가장 많은 사건들이 발생했던 시기다. 특히나 당시 문자의 탄생은 티베트에 있어서 매우 중요한 사건이라 볼 수 있다. 즉 당시 문자의 탄생으로 다양한 문화유산을 오늘날까지 남길 수 있었다.

19 티베트에서는 고대 7명의 법왕 즉 무치첸뽀(木赤贊布), 딩치첸뽀(定赤贊布), 썸치첸뽀(索赤贊布), 메이치첸뽀(美赤贊布), 다치첸뽀(打赤贊布), 스치첸뽀(思赤贊布) 등을 '칠적천왕(七赤天王)'이라 받들고 그들을 하늘에서 내려온 천자(天子)라고 생각했다.

20 格桑本, 『藏族的喪葬文化 - 天葬』, 甘肅民族出版社, 2000, 20쪽.

21 티베트에서 천장의 흔적을 가장 먼저 보인 곳은 티베트(西藏)자치구의 내곡(邪曲)일대로 전해지는데 당시는 야장(野葬)의 형태를 띠고 있었던 것으로 보인다.

22 彭英全, 『西藏宗教概況』, 1983, 61쪽.

23 그는 11세기에 처음 세 명의 제자와 티베트로 들어와 해결파(希解派)와 각자파(覺字派)라는 두개의 교파를 형성하고 발전시켜 나갔다. 여기서 '해결'은 티베트어의 음역이고 의미로는 '편히 잠들게 하다'의 뜻이 담겨져 있다. 이 종파의 승려들은 지정된 교의와 교법대로 수행을 지속적으로 하면 언젠가는 스스로의 법력으로 생사의 오고감을 주관할 수 있고, 능히 번뇌와 그 근원을 차단 할 수 있으며 해탈할 수 있다고 믿었다. 하지만 이 종파는 끝내 규모 있는 사원과 조직체계를 구축하지 못하고 14세기 말엽에 그 흔적을 감추었다.

24 霍魏, 『西藏古代葬墓制度史』, 四川人民出版社, 1995, 336-337쪽.

25 전영란,「중국소수민족의 장례 문화」,『대구대학교 인문과학총서』, 중문출판사, 2011, 99쪽.

26 彭英全, 앞의 책, (1983), 2-3쪽.

27 邊巴璟達,「淺析西藏天葬習俗的成因及文化含意」,『西藏研究』, 제1기 西藏人民出版社, 2005, 68-72쪽.

28 오늘날 티베트 경전 속에서는 본교의 명칭, 전승과정, 복식, 법기, 신단, 주술, 점괘 등 등의 기록을 찾아 볼 수 있는데 이는 26대 토번 왕까지의 기록을 근거로 하고 있다. 대표적으로 티베트 원시부족사회의 백과사전이라 할 수 있는 영웅 서사시 '게싸르(格薩爾)대왕전기'에서는 '아니(阿尼)' '업목(業木)' '막마(莫瑪)' 등 고대 본교 무사의 정식명칭을 확인 할 수 있다. 그리고 당시 무사는 그 능력과 신분을 유지 혹은 전승하기 위해서 세 가지의 방법을 이용했다는 기록도 전한다. 바로 신수(神授)와 세습(世襲) 그리고 전승(傳承)이었다. 그러나 이 방법이 온전히 적용되었던 것은 아니었다. 예를 들면 부자지간 그리고 손자에 이르기까지 세습과 전승이 함께 이루어지는 경우도 종종 있었다. 이로 인해 토번 왕실과 본교 사이의 갈등은 날로 깊어졌고 불교가 티베트에 전래된 이후 본교는 점점 왕실의 견제를 받아 조금씩 불교를 모방하는 방향으로 나아갈 수밖에 없는 사회적 환경을 제공했다. 周銀銀,『藏族原始宗教』, 四川人民出版社, 1999, 154-158쪽.

29 周銀銀, 앞의 책, (1999) 6쪽.

30 谢继胜,「藏族萨满教的三界宇宙构构与灵魂观念的发展」,『中國藏學』, 季刊 第4期, 中國藏學出版社, 1998, 41쪽.

31 熊坤新,「天葬起源之探索」,『西藏研究』, 西藏人民出版社, 總第 27期, 1998, 95쪽.

32 위의 글.

33 영국 사람인 벨은 어떻게 13대 달라이라마와 친교를 맺을 수 있었을까. 벨은 1900년에 인도 민정(民政)처에서 공무했는데 당시 질병이 창궐하는 바람에 히말라야의 다르질링(大吉岭, Darjeeling)과 칼림퐁(噶倫堡, Kalimpong)으로 이주해서 살았다. 그는 이 지역에서 3년 동안 티베트의 언어와 풍속을 유심히 관찰하고 배웠다. 1906년 시킴(Sikkim)의 행정관으로 임명되어 1918년까지 이 지역에서 머물렀다. 그가 주로 하는 일은 시킴과 티베트 그리고 영국과의 외교관계를 조율하거나 개선시키는 것이었다. 1910~1912년 티베트의 13대 달라이라마가 일이 생겨 다르질링으로 피신해 왔는데 이때 벨을 만나게 되었고 그 이후로 친한 친구사이가 되었다. 벨은 1913~1914년 중국과 영국의 '시모라(西姆拉)회의'에 참여하게 될 만큼 외교적으로 영향력 있는 인사가 되었다. 1920년 13대 달라이라마의 요청으로 벨은 라싸로 초빙되었고 이때 둘은 자주 만나 티베트의 문화와 풍속 등에 대해서 이야기를 나누었다. 벨은 대략 19년 동안 티베트에 머무르면서『西藏文法』,『西藏字典』,『西藏今昔』등의 책을 쓸 만큼 티베트의 언어와 풍속에 해박했다.

34 朵藏才旦,『藏族喪葬文化』, 甘肅民族出版社, 2000, 23쪽.

35 위의 책.

36 廖東凡,『雪域西藏豊情泉』, 西藏人民出版社, 1998, 36쪽.

37 朵藏才旦, 앞의 책, (2000) 30쪽.

38 깐즈(甘孜)티베트자치주 일부 지역에서는 시체를 천장터로 보내기 전, 시체의 머리
　를 두 무릎 사이에 끼워 넣고 배에다는 부적을 그려서 붙인다. 그리고 흰 보자기로 시
　체를 덮고 천장터로 출발한다. 이 지역에서는 81세 이상이나 13세 미만의 사망자에
　게는 천장을 불허한다.

39 朵藏才旦, 앞의 책, (2000) 31쪽.

40 심혁주,「中共改革開放後西藏自治區傳統文化變遷與發展硏究-以天葬與藏戲爲列」,
　『대만국립정치대학 인문사회과학연구소』, 박사학위 논문, 2005, 139-142쪽.

41 朵藏才旦, 앞의 책, (2000) 51-52쪽.

42 1993년 중국 청해민족출판사에서 한역(漢譯)으로 출판되었으며 작가는 미상이고 8
　세기에 만들어졌다. 티베트에서 현존하는 가장 오래된 의학 서적이다.

43 티베트에서는 '귀시(ngyud bzhi)'로 알려져 있으며 티베트 의학서적의 백과사전이라
　고 할 정도로 중요한 문헌이다. 8세기말에 g'yu thog yon tan mgon po가 쓴 것으로
　알려져 있으며 원래 이름은 'bdud rtsi snying po lag brgyad pa gsang'다.

44 라싸의 3대 사원(철방사, 색랍사, 간덴사)과 즐궁사, 쌍예사 정도이다.

45 直孔·貢覺嘉措,『直孔天葬台簡介』, 西藏人民出版社, 2004, 3쪽.

46 티베트 불교 4대 종파중의 하나인 황교(黃敎) 6대 사원 중의 하나이다. 중국 감숙성(
　甘肅省) 감남황족자치구(甘南藏族自治區) 하현현(夏河縣)에 위치하고 있다. 1709년
　에 건립되었고 최대 3,800여명의 출가승이 있었던 적도 있다. 이 사원은 역사적으로
　암도(安多)지역의 정치, 경제, 문화의 중심역할을 담당하였다. 1982년 중국 국무원
　종교국의 회의를 거쳐 전국중점문물보호 지역으로 선정되었다. 洲塔,『論拉卜楞寺的
　創建及冀六大學院的形聲』, 甘肅民族出版社, 1998, 1쪽.

47 티베트문(藏文)에는 '백수하'(白水河)이라고 기록되어 있다.

48 거얼디스(格尔底寺)는 화려하고 웅장한 4개의 대전(大殿)으로 구성되어 있는데 다음
　과 같다. ① 闻思院 ② 医学院 ③ 时轮殿 ④ 护法殿 등이다. 대웅전에는 육신사리탑
　(肉身舍利塔)이 보존돼있는데 5대 거얼덩(格尔登)활불의 영탑이다. 이 탑은 200년의
　역사를 간직하고 있다.

49 蔣桂花,『郎木寺』, 大衆文藝出版社, 2013, 10쪽. 랑목사는 티베트어로 지명 다창랑
　무(達倉郎木)에서 따온 것이다. 다창(達倉)은 '호랑이 구멍'이란 의미를 가지고 있으
　며 랑목(郎木)는 '선녀'의 의미를 가지고 있다. 이유는 이 지역 산속의 동굴에서 바위
　가 옥녀처럼 한 형상이 발견되었는데 민간에서는 이를 두고 천상에서 선녀가 내려와
　이렇게 된 것이라 믿었기 때문이며 사원 뒤쪽에서는 호랑이 굴이 발견되었기 때문이

다. 따라서 이 사원의 의미는 '호랑이 굴속의 선녀'(虎穴中的仙女)가 되는 것이다.

50 이 사원이 특색은 티베트 불교임에도 불구하고 회교사원(청진사)이 공존한다는 것이다. 이는 청(清)동치(同治, 1865) 4년에 감숙(甘肅)과 영하(寧夏)의 회족상인들이 이 지역으로 물물교환을 하러 왔다가 거주하게 되면서 그들의 신앙인 이슬람교(伊斯兰敎)를 전파하면서 1943년에 청전사(清真寺)를 창건했기 때문이다. 따라서 현재 랑목사에는 두 개의 황교(=겔룩파, 格魯派)사원과 이슬람교 사원인 청진사(清真寺)가 동시에 존재한다. 랑목사는 1년 중 정월(正月)에 가장 바쁜데 묵랑대법회(默朗大法会)가 있기 때문이다. 여기에는 사원의 모든 라마승과 활불들이 참석하며 가면극(面具跳神)을 연출하며 각종 종교 활동을 진행한다. 하지만 역시 이 사원이 유명한 이유는 바로 전통적으로 천장이라는 장법이 오늘날까지 온전히 내려오기 때문이다.

51 憑智, 『藏傳文化:死亡的藝術』, 大千出版社, 2002, 92쪽.

52 위의 책.

53 焦治平, 「論藏族的喪葬風俗」, 『康定民族師範高等專科學校學報』, 제12권, 제3기, 2003, 4쪽.

54 鄭作新, 『中國經濟動物志-鳥類』, 科學出版社, 1993, 133쪽.

55 이 책은 1908년 프랑스의 동양학자 P. 펠리오(PeIIiot, P.)가 중국 북서지방 간쑤성(甘肅省)의 둔황(敦煌) 천불동 석불에서 발견하였으며 중국의 나진옥(罗振玉)이 출판하여 세상에 알려졌다.

56 토번은 당(唐), 송대(宋代)의 티베트(Tibet)에 대한 호칭이며, 도백특(圖白特), 토백특(土白特), 조배제(條拜提), 퇴파특(退擺特)이라고도 불렸다. 토번은 7세기에 서역(西域)으로 진출하면서 그 영향력을 확대해나갔으며, 8세기 후반에는 당(唐)으로부터 서역의 지배권을 빼앗기도 했다. 이로 인해 중국에 위협적인 존재가 되었지만 당(唐) 의종(懿宗) 함통(咸通) 7년(877)에 멸망당하였다. 14세기 무렵까지 토번이라는 호칭이 사용되었으며, 서번(西蕃), 오사장(烏斯藏), 위장(衛藏), 서장(西藏)으로도 불리었다.

57 고려대학교 한국사연구소 엮음, 『왕오천축국전(往五天竺國傳) - 돈황사본의 복원 및 역주』, 아연 동북아 문화 총서 04, 2014, 144-146쪽.

58 5대 달라이라마 저, 劉立千 역, 『西藏王統記』, 民族出版社, 2000, 136쪽.

59 체탕(澤當)이라는 이름은 티베트어로 '논다'는 뜻의 '체(澤)'와 평원이라는 뜻의 '탕(當)'이 합쳐져서 만들어진 단어다.

60 張鷀, 「西藏喪葬風俗的演變及其原因」, 『西藏研究』, 第3期, 西藏社會科學院, 1988, 88쪽.

61 肅之光, 祝启源 著, 『隋唐民族史』, 四川民族出版社, 1996, 403-406쪽.

62 문물보호단위(文物保护单位)는 중국에서 각급인민정부가 법규에 의해 확정한 중요한 가치가 있는 지상 또는 지하를 불문하고 이동이 불가한 문물의 총칭으로 일반적으

로 전국중점문물보호단위인 국가급과 성급, 현(시)급의 3개 등급으로 구분되며 각각 국무원, 성, 현(시) 인민정부가 지정하여 공표하고 있다. 문물보호단위는 역사, 예술, 과학적 가치가 있는 고유지(古遺址), 고묘장(古墓葬), 고건축(古建筑), 석굴사(石窟寺) 및 석각(石刻), 근현대 중요사적 및 대표성건축(近現代重要史迹及代表性建筑), 기타 등 6개 부문으로 구분하고 있으며 보호범위는 문물보호단위 그 자체와 주위 일정범위의 문물보호 실시를 위한 구역까지 포함하고 있다. 문물보호단위는 등급별로 각각 국무원, 성급정부, 시/현급정부가 정한 보호범위, 문물보호표지의 설치 및 설명, 기록물 제작, 지역별 상황과 전문기구 혹 전문 관리책임자 등을 두어 관리하도록 하고 있으며 문물보호단위로 지정되면 그 보호 범위 내에서는 건설공사 또는 폭파, 시추, 발굴 등 작업을 진행할 수 없도록 하고 있으며 불가피한 경우 반드시 안전을 보장하도록 하고 있다. 특별한 사항에 의거 보호범위 내에서 폭파 등의 작업을 진행해기 위해서는 해당 문물을 보호단위로 지정한 인민정부의 비준 및 상급인민정부 관련부서의 동의를 받도록 하는 등 엄격한 관리를 하고 있다.

63 『두산백과사전』.

64 憑智, 앞의 쪽, (2000) 31쪽.

65 2005년 중국 과학출판사에서 출간된 『도란토번묘』(都蘭土蕃墓)는 중국 청해성 도란(都蘭)현에서 발굴된 가장 최근의 토번 시대의 왕묘에 대한 고고학적 업적인데 티베트 토장과 관련하여 매우 귀중한 자료와 당시의 상황을 전해주고 있고 의미 있는 자료로 판단된다. 이 책은 원래 1999년 7-9월, 미국의 기업가 Roger E, Covey가 창립한 당연구기금회(唐硏究基金會)의 원조로 북경대학교 고고문박원(考古文博院)과 청해성 문물고고연구소의 합작으로 청해성 도란(都蘭)현에 매장돼 있던 4구의 토번 시대 왕묘(墓)를 발굴해 낸 프로젝트의 과정과 결과물을 엮은 것이다. 동쪽을 등지고 모두 서쪽을 바라보고 있는 왕묘는 세부적으로 토번1호 묘(99DRNM1), 토번2호 묘(99DRNM2), 토번3호 묘(99DRNM3), 토번4호 묘(99DRNM4) 등으로 분류되어 있다. 이 작업으로 인하여 당시 유목사회의 일상과 관련된 소품과 회화목판, 방직품, 금은의 귀걸이 등을 발굴 하였다. 따라서 당대 토번사회의 사회생활과 당시 역사적 상황을 유추하는데 귀중한 단초를 제공했다. 북경대학교 고고문박원(考古文博院), 『都蘭土蕃墓』, 唐硏究基金會 叢書, 2005, 3쪽.

66 신석기시대로부터 토번 시대(7세기)까지의 시간차는 대략 3000-4000천년의 거리를 두고 있다. 이 기간 동안 석관장 외에 이차장(二次葬) 또한 있었던 것으로 파악된다. 이차장은 망자의 시체가 풍화, 토화(土化), 화화(火化), 수침(水浸) 등의 과정을 겪고 시체가 부패한 후에 그 유골을 모아 다시 처리하는 방법을 말한다.

67 赤列曲扎, 『西藏风土志』, 西藏人民出版社, 1982, 50쪽.

68 尕藏才旦, 앞의 책, (1997), 90-91쪽.

69 정재남, 『중국 소수민족 연구』, 한국학술정보, 2007, 1013쪽. 강족(羌族)은 1세 미만

의 어린애가 죽으면 나무 상자나 대나무 바구니에 넣어 강에 떠내려가게 했다.

70 어떤 곳에서는 사망자의 옷을 다 벗기고 앉은 자세를 취하게 한 후 목갑(木匣)에 넣어 강물에 띄우는데, 물살이 센 곳에 이르렀을 때 목갑을 망가뜨려 시체가 가라앉게 한다.

71 동몽고(東蒙古)지역에 살던 몽고계 유목민을 타타르 'Tatar'인이라 한다.

72 憑智, 앞의 책, (1998) 60-62쪽.

73 憑智, 앞의 책, (2002), 142쪽.

74 諾布旺丹, 『藏傳佛教活佛轉世』. 大千出版社, 2001, 190-191쪽.

75 정준영, 앞의 책, (2001) 106쪽.

76 憑智, 앞의 책, (2002) 183쪽.

77 尕藏才旦, 앞의 책, (2000) 88쪽.

78 정준영 외, 앞의 책, (2011) 127쪽.

79 티베트 산남지역에서 가장 손꼽히는 불교사원은 바로 상예사원(bsam yas gtsug lag khang)이다. 티베트자치구 자낭현(扎囊縣) 상예진(桑耶鎭)에 자리 잡은 상예사원은 기원 8세기 토번왕조 때 신축되어 천여 년의 역사를 가지고 있다. 티베트 불교 역사상 최초로 불(佛), 법(法), 승(僧) '삼보(三寶)'를 모두 보유한 이 사찰은 '티베트 최초의 사원'으로 그 의미를 가지고 있다.

80 합포(哈布)산은 라싸의 약왕산(藥王山)과 더불어 티베트 4대 명산으로 꼽힌다. 합포의 티베트 의미는 천기(喘氣) 즉, '호흡하다'다.

81 憑智, 앞의 책, (1998) 182쪽.

82 티베트 불교는 시기적으로 크게 전홍기(前弘期))와 후홍기(后弘期)로 나뉘는데, 전홍기는 치쏭데첸(Khri srong lde btsan)때 최초의 사원인 삼예사원이 지어지고 처음으로 7명의 출가자가 발생한 시점부터 불교의 박해가 극에 달했던 랑다마 왕까지의 시기를 말한다. 후홍기는 토번이 망한 후 랑다마의 후예들이 각지로 흩어지면서 소규모의 왕조들을 세웠는데, 후에 이들에 의해 불교가 다시 한 번 티베트에 유입되었던 시기를 가리킨다.

83 티베트 고승(高僧)이다. 티베트 불교 샤카파의 5대 조사(祖師)로 원나라 쿠빌라이 때에 국사(國師), 제사(帝師), 대보법왕(大寶法王)으로 받들어졌다.

84 R. A 슈타인 지음, 안성두 옮김, 『티벳의 문화』, 무우수, 2014, 137쪽.

85 홍병혜, 「티베트 전통 혼인유형 분석과 군혼문화의 형성배경」, 『중국학연구』 제28집, 2004, 218-220쪽. 티베트의 농노는 크게 '차파'(差巴), '퇴용'(堆穷), '낭생'(朗生)으로 구분되는데 이들은 티베트 전체인구의 90%를 차지하고 있었으며 이중 노예 등급으로 다시 분류되는 낭생은 5%의 인구비율을 보였다. 이들에게는 토지의 소유권이 없었으며 인신의 자유와 혼인의 문제 또한 자율권이 허락되지 않았다. 또한 이들의 이러한 처지와 신분은 대대로 세습되었다.

86 多杰才旦,『西藏社會發展研究』, 北京中國藏學研究中心, 1997, 345-352쪽.

87 刘忠,「试论西藏领主庄园的主要形态及其特点」,『西藏封建农奴制研究论文选』, 中国藏学出版社, 1991, 139쪽.

88 Pedro Carrasco(箸), 陳永國(譯), 周秋有(校),『西藏的土地與政體』, 西藏社會科學院西藏學漢文文獻編輯室, 1985, 111-112쪽.

89 张江华,「试论西藏封建农奴制度的基本类型」,『民族研究』, 第6期, 1989, 123쪽.

90 Luciano Petech(著), 沈卫荣/宋黎明(譯), 邓锐龄(校),『西藏的贵族和政府(1728-1959)』, 中國藏學出版社, 2008, 63-64쪽.

91 티베트의 귀족계층은 서구의 귀족계층과는 구별되는데, 티베트 귀족의 고저구분은 영지(領地)의 대소와 관작(官爵)을 통해 획득한 권력의 정도로 구별된다. 이와 같은 요소를 근거로 하여 전통적으로 티베트의 귀족계층은 ① 아계(亞谿 yab-gzhis), ② 제본(第本), ③ 미찰(米扎), ④ 일반귀족(古札 dkyus ma)과 같이 대·중·소·일반의 네 유형으로 구분된다. 아계가정은 황금귀족으로 분류되는데 티베트 귀족집단 중에서도 최고위층 귀족으로 분류된다. 왜냐하면 달라이라마와 판첸라마의 친 부모와 혈육관계로 이루어진 가문이기 때문이다.

92 심혁주,「티베트 황금귀족(黃金貴族)의 출현과 실체」,『아시아문화연구』, 제18집, 2010, 159-160쪽.

타나토스총서05

티베트의 죽음 이해

등록 1994.7.1 제1-1071
1쇄 발행 2015년 5월 25일

지은이   심혁주
펴낸이   박길수
편집인   소경희
편   집   조영준
관   리   위현정
디자인   이주향
펴낸곳   도서출판 모시는사람들
          110-775 서울시 종로구 삼일대로 457(경운동 88번지) 수운회관 1207호
전   화   02-735-7173, 02-737-7173 / 팩스 02-730-7173

인   쇄   상지사P&B(031-955-3636)
배   본   문화유통북스(031-937-6100)
홈페이지   http://modl.tistory.com/

값은 뒤표지에 있습니다.
ISBN   979-11-86502-03-7   94100
SET   978-89-97472-87-1   94100(세트)

이 도서의 국립중앙도서관 출판예정도서목록(CIP)은 서지정보유통지원시스템 홈페이지(http://
seoji.nl.go.kr)와 국가자료공동목록시스템(http://www.nl.go.kr/kolisnet)에서 이용하실 수 있습
니다.(CIP제어번호: 2015013248)